AF554545

HISTOIRE GÉNÉALOGIQUE

DE LA MAISON

DE CADIER DE VEAUCE

IMPRIMERIE D'EUGÈNE DUVERGER,
RUE DE VERNEUIL, N° 4.

HISTOIRE GÉNÉALOGIQUE

DE LA MAISON

DE CADIER DE VEAUCE

SEIGNEURS DE LA BROSSE-CADIER,

DE LA FAYE, DE MARTILLY, DE LA COURCHAPEAU, DE BAIZE, DU PESCHIN,

DE CROISSANCE, DE SAINT-AUGUSTIN, DE PONSUT,

BARONS DE VEAUCE;

SEIGNEURS DE BELLE-PERCHE, D'AVERNES, DE LA GRANGE,

DE LA RIGOLÉE, DU TROUSSAI, DE SOULES, DE MALSAY, DE BELLEAU,

DE FONTENAY, DU PLESSIS, DE GOURGAIN, ETC.

EN BOURBONNAIS, EN NORMANDIE ET EN BRETAGNE.

PARIS

AU BUREAU DE LA REVUE HISTORIQUE DE LA NOBLESSE

RUE DE VERNEUIL, N° 40

1847

de Cadier Baron de Veauce.

Généalogie historique

DE LA

MAISON DE CADIER DE VEAUCE

SEIGNEURS DE LA BROSSE-CADIER, DE LA FAYE, DE MARTILLY,
DE LA COURCHAPEAU, DE BAIZE, DU PESCHIN, DE CROISSANCE, DE SAINT-AUGUSTIN,
DE PONSUT, BARONS DE VEAUCE; SEIGNEURS DE BELLE-PERCHE, D'AVERNES,
DE LA GRANGE, DE LA RIGOLÉE, DU TROUSSAI,
DE SOULES, DE MALSAY, DE BELLEAU, DE FONTENAY, DU PLESSIS, DE GOURGAIN, ETC.,
EN BOURBONNAIS, EN NORMANDIE ET EN BRETAGNE.

A maison de Cadier était déjà connue et illustre au onzième siècle en Bourbonnais, d'où elle est originaire; plusieurs monuments l'attestent, et entre autres la tour de Cadier qui faisait partie des douze du château de Souvigny[1], ancienne demeure des sires de Bourbon, dont les tombeaux se voient encore dans l'église de cette ville.

(1) Voir à cet égard la description de la ville et du château de Souvigny, par Nicolas de Nicolaï; *Histoire du Bourbonnais*, par Achille Allier, tome II, p. 22; et celle de Nicolas de Mesgrigny, tome II, p. 146, *Voyage pittoresque du Bourbonnais.*

L'histoire rapporte que les douze premiers seigneurs et gentilshommes attachés à la maison des sires de Bourbon, les suivant ordinairement à leur château de Souvigny, y bâtirent des tours à créneaux pour avoir des demeures qui pussent être distinguées de celles des bourgeois, et qui prirent et conservèrent les noms de leurs fondateurs. Telles sont les tours de Bressoles, première baronnie du pays, de Naux, de Foullet, de *Cadier*, de Ris, du Bourg, de David, du Prieur, des Douze ou des Sénateurs, et d'Agonge. D'après Nicolas de Mesgrigny (seigneur et prieur de Souvigny), ces tours existaient au onzième siècle au château de la ville de Souvigny, alors capitale du Bourbonnais.

La maison de Cadier[2] figurait donc déjà à cette époque parmi celles des plus anciens gentilshommes de cette province, et aujourd'hui elle est incontestablement reconnue comme la plus ancienne de la ville de Moulins. Constamment on la voit figurer dans les actes authentiques de cette époque qui, attestant son existence utile et honorable, établissent ses rapports féodaux avec les ducs de Bourbon, à la cour desquels elle a toujours tenu un rang considérable.

Cette famille, dès les treizième et quatorzième siècles, unissant les emplois militaires aux charges de la magistrature et de la diplomatie, rendit d'importants services aux ducs de Bourbon. Plusieurs de ses membres furent élevés auprès de ces seigneurs avec lesquels ils contractèrent, par une longue et ancienne habitude de vivre ensemble, des liaisons qui, resserrées par le double lien du bienfait et de la reconnaissance, devinrent indissolubles. Aussi les vit-on seconder ces princes dans toutes leurs entreprises, et prodiguer pour eux leur vie et leurs trésors.

Elle donna un fidèle serviteur au roi Charles VII en la per-

(1) Il y a encore à Souvigny une rue qu'on appelle la rue de Cadier; elle monte du château, situé au centre de la ville, vers la partie nord de l'enceinte.

(2) On voit dans les titres de toutes les époques dont se compose le chartrier du château de Veauce, le nom écrit : de Cadier, ou : Cadier. Un des plus anciens, en latin, datant de 1307, annonce qu'originairement le nom était de Cadier : « Guillelmus *de Caderio*, « domicellus dominus *de Brociâ*. » — Guillaume de Cadier, damoiseau, seigneur de la Brosse.

sonne de Michel de Cadier, qui se dévoua tout entier aux intérêts de son prince dans ces temps malheureux où la France, plongée dans un funeste abîme de calamités, vit le sceptre passer dans des mains étrangères, et l'héritier légitime dépouillé de ses droits, réduit à une seule ville de son royaume, n'ayant plus qu'une ombre d'autorité et manquant presque du nécessaire. La conduite si sage, si héroïque et si constante que tint alors Michel de Cadier, fut récompensée par les grâces qu'elle reçut du trône.

Si la maison de Cadier s'est rendue recommandable par sa fidélité et son dévouement pour ses souverains, elle ne s'est pas moins distinguée par les riches fondations qu'elle a faites dans les églises de Souvigny, de Saint-Lô, de Coutances, et plus particulièrement dans celle de Notre-Dame de Moulins, qui renfermait les cendres de ses ancêtres, et dans laquelle elle avait deux chapelles où se voyait peint sur les vitraux l'écusson de ses armes surmonté d'une couronne baronale[1].

La famille de Cadier a prouvé sa noblesse d'ancienne extraction en plusieurs circonstances, et particulièrement le 12 mars 1530, et y a été maintenue par jugements des commissaires du conseil des années 1581, 1666, 1693 et 1717; elle fut admise dans l'ordre de Malte en 1621, et fit encore ses preuves de noblesse, pour les pages, en 1710 et 1764, par-devant M. d'Hozier, juge d'armes de France, généalogiste du roi, qui, en 1710, a dressé sur titres authentiques sa généalogie déposée à la bibliothèque du Roi.

L'obscurité des temps et les titres épars ne nous donnant que des indices sans suite à l'égard de cette famille dans les temps reculés, nous ne commencerons cette généalogie qu'en 1286, époque à partir de laquelle les titres nous fournissent tous les documents désirables, et établissent la filiation directe et la plus complète jusqu'à nos jours.

(1) On voit encore aujourd'hui, sur les vitraux de la nef principale de la cathédrale de Moulins, les armes de la maison de Cadier.

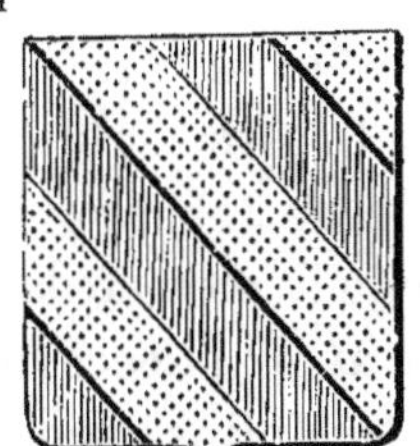

I. GUILLAUME DE CADIER, Ier du nom, damoiseau[1], seigneur de la Brosse-Cadier[2], était en 1286 gentilhomme de Louis Ier, duc de Bourbon, comte de Clermont et de la Marche, pair et chambrier de France. Il rendit, en cette qualité, foi et hommage à ce prince, le lundi après la fête de Saint-Georges[3] de l'année 1307, pour plusieurs de ses terres situées dans la paroisse de Saint-Bonnet, et en particulier pour son château de la Brosse-Cadier, qui relevaient du duc de Bourbon en fief immédiat, à cause de sa châtellenie de Moulins. Guillaume de Cadier est qualifié chevalier, seigneur de la Brosse, dans un acte du jeudi avant la fête de Saint-Jean-Baptiste[4] de l'année 1334, par lequel il vendit, comme tuteur de ses enfants, aux doyen et chapitre de l'église Notre-Dame de Moulins, pour la somme de vingt livres tournois, une redevance qu'il avait sur la censive de ce chapitre en la ville de Moulins. Voici la teneur de cet acte :

(1) Le titre de *damoiseau*, ou *damoisel*, en latin *domicellus*, diminutif de *dominus*, seigneur, fut, comme ceux d'écuyer et de varlet, porté par les enfants des souverains et de très grands princes, et réservé en général aux fils des chevaliers. Les seigneurs de Commercy prenaient héréditairement la qualité de damoiseau, affectée sans doute à la possession de ce fief.

(2) La seigneurie de la Brosse-Cadier était une terre considérable qui s'étendait sur les communes d'Izeure, de Saint-Bonnet, d'Avernes, de Trévol et de Gennetines, près Moulins. Cette terre a été depuis longtemps démembrée ; un domaine qui en dépend, et qui est situé sur la commune de Trévol, porte encore aujourd'hui le nom *des Cadiers* (*L'ancien Bourbonnais*, par Achille Allier, tome II, p. 22) ; on la voit encore figurer sur la carte de Cassini.

(3) Extrait d'un ancien livre en parchemin des fiefs relevants et mouvants du duché de Bourbonnais, étant en la voûte et chambre du trésor de ce duché, dans les archives de la châtellenie de Moulins, au folio 27, recto. A la marge de cet acte est écrit : *Guillaume Cadier*. Cet acte, reçu par Pierre de la Dure, notaire, sous le scel de Saint-Pierre-le-Moustier ; et cet extrait, collationné à l'original, le 23 février 1709, et délivré à messire Michel de Cadier, écuyer, seigneur de la Brosse et de Saint-Augustin, baron de Veauce, par Claude Guérin, écuyer, seigneur de Chermon, président et lieutenant général en la chambre du domaine de Bourbonnais. *Signé* LITAUD, greffier (produit devant le juge d'armes de France pour les preuves de noblesse de Gilbert de Cadier, reçu page du roi).

(4) *Chartrier de la Sainte-Chapelle de Paris*, cote 375, pièce 10 ; Collection de dom Villevieille.

« A tous ceux qui ces présentes lettres verront et liront. Guil-
« laume de Cadier, chevalier, seigneur de la Brosse, salut en
« notre Seigneur. Comme pour cause et article de Jehannon et
« Esdumare, mes enfans, et de pheue demoiselle Ermengarde se
« femme nos eussieus et fussieus en saisine de avoir et recevoir
« sur les cens qui sont en le vile et ou terroir de Molins, que on
« appelle les cens de Nostre-Dame, de honorables hommes et
« discrets le doyen en le capicte de l'esglise de Nostre-Dame de
« Molins; que desdits cens sont propriétaires, ou de leur com-
« mandement, une certaine rente, ou redevance. Sachent tuit que
« je Guillaume dessus nommé pour cause et aticle dessus dict de
« certaine science, et pour notre nécessité la dicte rente, ou rede-
« vance, avons vendu, et en nom de vente quiétie et octroyé, ven-
« dons quittons et octroyons à toujours, mais avec tout le droict
« et l'action que nos aviens et poiens avoir par quelque cause que
« ce feust en le rente, redevance et ez cens dessus dict au devant
« dit doyen et capicte pour le prix de *vin* (vingt) *livres* tournois,
« lesquels ils nous ont payé en bonne monnoye par le main
« de maistre Jehan Macheron, chanoine de la dite esglise, et nous
« en tenons quiète à toujours; mais et promettons en bonne foy
« nous que contre les choses dessus dictes, ne aucuines d'icelles,
« ne vinrons, ne venir, ne ferons par nous, ne pour aultre an-
« coys sur toutes ces choses porterons au dict doyen et capicte,
« bonne garandie et loyal envers et contre tous en jugement et
« dehors aux us et coustûmes du pays. Et se li diz doyen et ca-
« picte par le défaut de notre garandie avoient, ou faisoient
« frais et dommages, ou interêts, nous les leur promettons à
« rendre et restablir entièrement, et volons qui li porterres
« (porteurs) de ces lettres soient cru, sur ce, par son simple
« serment suffisamment loer, gréer et acorder par les dicts Je-
« hannon, et Esdumare, et par chascun des yans toutes les fois
« que nos en seront requis, et ce quant à toutes ces choses tenir
« et accomplir nous obligeons audit doyen et capicte entière-
« ment; nous obligeons au dict doyen et capicte nous et nos
« hoirs, tous nos biens, et les biens de nos hoirs meubles et non
« meubles présens et advenir, ou que ce puisse être trouvé, et

« renonçant en ce faict à tous moyens pour les quielz les choses « dessus dictes pourroient estre défaites, délaiées, ou empes- « chiées. Et en témoignage de ces choses, nous Guillaume des- « sus nommé, avons mis en ces présentes lettres notre propre « scel du quel nous usons et volons user en cest cas.

« Ce fu fait l'an de grâce mil trois cent trente et quatre, le « jeudi avant la feste de Saint-Jean-Baptiste. »

Le lendemain [1], vendredi, il confirma cette vente et la fit ratifier par Jean et Edward de Cadier, damoiseaux, ses deux fils. Cet acte est ainsi conçu :

« Universis presentes Litteras inspecturis. Officialis Augusto- « dini salutem in Domino. Noveritis quod coram dilecto nostro « et fideli Stephano dicto Cachemare, clerico in curia Augusto- « dini, notario et tabellione jurato ad hoc a nobis deputato cui « supra iis etiam aliis majoribus fidem plenariam adhibemus « propter hæc presens constitutus Guillelmus *de Cadier*, domi- « nus *de Brossia* de auctoritate sua et voluntate propria gratis « recognovis et confessus fuit omnia et singula in litteris quibus « infiguntur contenta vera et sic facta fuisse et esse modo et « forma contentis in eisdem sigillum dictis litteris appositum, « et appensum suum sigillum fuisse et esse quo utitur in talibus « casibus ad coram. . . . . . . Noverint insuper universi quod « coram dicto notario presentes constituti Johannes et Edwar- « dus dicti militis ambo filii omnia et singula eisdem litteris « contenta sibi prestita exposita voluerunt, laudaverunt, appro- « baverunt, et acceptaverunt ac se expresse commemorant in eis- « dem et promiserunt per fidem suam nec non per suum jura- « mentum ad sancta Dei evangelia præstitunt corporaliter se « contra contenta in eisdem litteris non venire in futurum re « nonciantes expresse omni exceptioni minorum et omnibus « aliis exceptionibus quibuscumque in quorum testimonium « ad relationem dicti notarii præmissa confirmantes, ac se co- « ram nobis acta forent sigillum ville Molini duximus apponen- « dum dictus miles cum dictis domicellis filiis sius promisit per

(1) *Chartrier de la Sainte-Chapelle de Paris,* cote 375, pièce 13 ; Collection de dom Villevieille.

« fidem suam etiam contra contenta in dictis litteris se non venire « in futurum.

« Actum et datum anno Domini millesimo trecentesimo trige- « simo quarto die mercurii ante festam Sancti Johannis Baptistæ « et die veneris immediate subsequens. »

Guillaume de Cadier avait épousé demoiselle ERMENGARDE DE LA BUTTE [1], qui est rappelée comme décédée dans cet acte de 1334, et de laquelle il eut :

1° JEAN DE CADIER, dont l'article suivra ;

2° ÉDOUARD DE CADIER, damoiseau, seigneur de Martilli, près Gannat, qui, en 1334 [2], ratifia avec Jean de Cadier, son frère, la vente consentie par Guillaume de Cadier, leur père, au chapitre de Moulins. Il a la qualité de gentilhomme pensionnaire de très haut, très puissant et excellent prince monseigneur le duc de Bourbonnais, dans un hommage que rendit à ce prince, noble damoiseau Jean de Cadier, son frère, le mercredi jour de l'Assomption [3] 1347 ; il est rappelé comme décédé, avec la qualification de chevalier, dans des lettres du dernier jour du mois d'août [4] 1380, par lesquelles ses frères, Jean et Perrin de Cadier, et leurs fils, cédèrent à Pierre Gaudon le lieu d'Enelate avec tout ce qui provenait de sa succession. Il fut père de

GABRIELLE DE CADIER, dame de Martilli, mariée à Pierre de *Chastelus* [5], d'une ancienne famille connue dès l'an 1218, époque à laquelle vivaient Estienne de Chastelus, chevalier, et Eustache, son fils, qui, après avoir relevé de Gui de Dampierre pour les villages et domaines d'Ande et de Saint-Pierre-du-Bois, les reportent désormais à Archambaud, sire de Bourbon, et se reconnaissent aussi pour ses hommes liges de tous leurs biens. Le fils déclare que n'ayant point encore de sceau [6],

(1) Les armes de LA BUTTE sont : *bandé d'or et de gueules.*

(2) *Archives de la Sainte-Chapelle de Paris,* cote 375, pièce 13 ; collection de dom Villevieille.

(3) Archives de M. de Cadier, baron de Veauce; collection de dom Villevieille.

(4) *Archives de la Sainte-Chapelle,* cote 375, pièce 17'; collection de dom Villevieille.

(5) Les armes de CHASTELUS sont : *de gueules, au lion d'argent couronné, armé et lampassé d'or.*

(6) Les exemples de cet usage, au moyen âge, étant assez communs, une note à ce sujet ne sera pas sans intérêt :

Dans les premiers temps, la plus illustre naissance ne donnait aux nobles aucun rang personnel, à moins qu'ils n'y eussent ajouté le titre de chevalier; jusqu'alors ils ne fai-

il se sert de celui de son père. De cette famille était aussi messire Hugues de Chastelus, gentilhomme bourbonnais, qui est nommé le cinquième parmi les vingt-six chevaliers que Louis II, duc de Bourbon, honora, en 1367, du collier de l'ordre de l'*Écu d'or*, qu'il venait d'instituer;

3° **Perrin de Cadier**, damoiseau, seigneur de la Brosse, qui est ainsi qualifié dans l'acte d'échange des biens provenant de la succession d'Édouard de Cadier, que lui, ses deux fils, Jean de Cadier, son frère, et Guillaume, fils de ce dernier, firent conjointement, le jeudi dernier jour du mois d'août[1] 1380, avec Pierre Gaudon, de la paroisse de Saint-Bonnet, et dame Agnès sa femme. Cet acte commence ainsi : « Universis « præsentes litteras inspecturis, Johannes de Bullo, custos sigilli cancel- « lariæ ducatus Borbonensis, salutem in Domino. Noveritis quod quoram « Semonino *Chapuis*, jurato notario curiæ dictæ cancellariæ et nostro « cui ad hoc totaliter communicamus vices nostras constituti *Perinus* et « *Johannes de Caderio*, domicelli, domini de Brociâ, parochiani de Sancto « Bonneto, *Franciscus* et *Roger de Caderio* filii dicti Perini et Guillelmus « filius dicti Johannis, ipsi Perinus et Johannes fratres, patres et eorum « filii inter se ad invicem consentientes ex unâ parte.

« Et petrus Gaudon, etc. »

Ses deux fils furent :

a. **François de Cadier**, qui est mentionné dans l'acte de 1380;

b. **Roger de Cadier**, damoiseau, qui est aussi mentionné dans le même acte, et qui figure comme témoin dans le testament, du 2 décembre[2] 1381, de dame Marie de Babute, femme de Guillaume de Cadier, IIIe du nom, son cousin germain.

saient point partie de l'État, n'en étant pas les défenseurs. Les écuyers appartenaient à la maison du maître qu'ils servaient en cette qualité. Les uns et les autres n'osant arborer les armoiries de leur père, n'avaient point de sceau ; la chevalerie seule en donnait le droit; et s'ils intervenaient dans quelques actes comme parties contractantes, ils étaient obligés, pour les sceller, d'emprunter le sceau de leur père, de leur mère, de leur tuteur, d'un ami, d'un parent ou de la cour de justice dans laquelle l'acte était passé (dans le tome III, p. 328 de *la Revue*, on en voit un exemple). Les monuments historiques nous en fournissent des preuves, même à l'égard des seigneurs du plus haut rang; et c'est sur ce principe que les régents du royaume ont autrefois scellé de leur propre sceau, et non de celui du roi mineur. Ce fut le roi Charles VI qui, par son édit de 1407, changea cet usage, ordonnant que tous ses successeurs rois, en quelque petit âge qu'ils fussent, seraient appelés, leurs pères décédés, rois de France, et seraient couronnés et sacrés.

(1) *Chartrier de la Sainte-Chapelle*, cote 375, p. 17.

(2) *Id.*, p. 15.

II. JEAN DE CADIER, Ier du nom, chevalier, seigneur de la Brosse-Cadier, paroisse de Saint-Bonnet, ratifia, avec Édouard de Cadier, son frère, le vendredi avant la fête de Saint-Jean-Baptiste [1] de l'année 1334, la vente consentie par Guillaume de Cadier, leur père, au chapitre de l'église Notre-Dame de Moulins, et, par lettres du mercredi jour de l'Assomption [2] de l'année 1347, dans lesquelles il est qualifié noble damoiseau, seigneur de la Brosse-Cadier, fit, tant en son nom qu'en celui de noble Édouard de Cadier, son frère, foi et hommage au duc de Bourbon pour la moitié de ses maisons de la Brosse, dont il donna le dénombrement, et qu'il avoue tenir de ce prince, à cause de sa châtellenie de Moulins. Par acte passé devant Simon Chapuis, notaire-juré de la chancellerie du duché de Bourbonnais, le jeudi dernier jour du mois d'août [3] 1380, il donna, conjointement avec Guillaume de Cadier, son fils, Perrin de Cadier, damoiseau, son frère, et François et Roger, fils de celui-ci, à Pierre Gaudon, demeurant en la paroisse de Saint-Bonnet, et à Agnès, sa femme, le lieu et tènement d'Enelate, avec tout ce qui provenait de la succession d'Édouard de Cadier, chevalier, moyennant la somme de cinquante sols de taille, une poule, neuf quartots de seigle et quatre quartots de millet pour la dixme, en présence de Severin Gerander, demeurant à Moulins, et de Guillaume de Roucet. Il est qualifié *monseigneur messire Jean de Cadier, chevalier, seigneur de la Brosse*, dans un acte du 16 mars [4] 1393, par lequel Raoul de Gaye, seigneur de Moussel, reconnaît tenir de lui, à foi et hommage, à cause de son château de la Brosse, un bois situé dans la paroisse de Saint-Bonnet. Jean de Cadier mourut dans un âge avancé laissant, de son alliance contractée avec damoiselle AGNÈS DE LA MOTHE-AUX-NOYERS [5], fille de Jean de la Mothe, damoiseau, un fils, Guillaume, qui suit.

(1) Archives de M. de Cadier, baron de Veauce ; collection de dom Villevieille.

(2) *Archives de la Sainte-Chapelle*, cote 375, p. 17.

(3) (4) *Ibid.* ; collection de dom Villevieille.

(5) Dans le quatorzième siècle, les membres de cette famille, d'ancienne noblesse en

III. GUILLAUME DE CADIER, IIe du nom, chevalier, seigneur de la Brosse-Cadier, gentilhomme du duc de Bourbon, assista avec Jean de Cadier, son père, à l'acte du jeudi, dernier jour du mois d'août[1] 1380. Il avait épousé noble damoiselle MARIE DE BABUTE[2], laquelle, par son testament du 22 décembre[3] 1384, qu'elle fit en présence de nobles hommes Jean de Mitry, Roger de Cadier, damoiseaux, et Annet de Babute, écuyer, élit sa sépulture en la chapelle de la maison de Babute, située auprès du pré Bellaval en la paroisse de Saint-Bonnet, ordonne que ses obsèques soient faites avec les mêmes cérémonies qui ont été observées pour feu noble homme Thibaut de Babute, damoiseau, son père, donne l'usufruit de tous ses biens à Guillaume de Cadier, son mari, qu'elle nomme son exécuteur testamentaire avec Antoine de Babute, écuyer, son frère, et le seigneur de Blasson, écuyer, son frère utérin, et institue pour ses héritiers universels ses enfants, dont les noms suivent :

1° JEAN DE CADIER, qui continue la descendance;

2° MICHEL DE CADIER, écuyer, seigneur de la Brosse en partie, qui fit une vente, le 11 décembre[4] 1420, à Jean de Cadier, écuyer, son frère, et à Jeanne d'Augère, sa femme, pour la somme de vingt et une livres tournois, de tous les droits auxquels il pouvait prétendre sur l'hôtel de la Brosse-Cadier. Michel de Cadier fut gentilhomme des ducs de Bourbon Louis Ier et Jean Ier, qui l'appelèrent dans leur conseil et l'honorèrent de

Bourbonnais, firent partie, en qualité de chevaliers, des montres des ducs de Bourbon. Une branche s'est transplantée en Picardie, vers le milieu du quinzième siècle, et s'est divisée en plusieurs rameaux qui tous ont pris des alliances distinguées. Armes : *d'azur, au lion d'or, armé et lampassé de gueules, à la barre en devise de sable brochant sur le tout.*

(1) *Archives de la Sainte-Chapelle*, cote 375, piece 17 ; collection de dom Villevieille.

(2) Famille ancienne, originaire du Bourbonnais, puis établie en Berry, dont la Thaumassière, dans son histoire de cette province, ne donne la filiation que depuis Durand de Babute, seigneur de Fredefond, qui vivait au commencement du quinzième siècle; il pourrait être fils de Jean de Babute, secrétaire du duc de Bourbon, fondateur de l'ancienne chapelle Babute, attenante à l'hôtel Cadier, à Moulins. Armes : *palé d'azur et d'or de huit pièces.*

(3) *Archives de la Sainte-Chapelle,* cote 375, p. 16; collection de dom Villevieille.

(4) *Ibid.*, cote 268, pièce 10 ; *ibid.*

leur confiance et de leur estime. Sous le règne de Charles VI, alors que la France était sans chef et que chacun le voulait être, Henri V, roi d'Angleterre, comptant sur la faiblesse du monarque et les divisions des princes du sang, et se fondant sur le droit chimérique qu'avait élevé Édouard III à la couronne de France, résolut d'en faire la conquête; il s'empara d'Harfleur, passa la Somme, et vint camper près d'Azincourt, où, le 25 octobre 1415, se livra la funeste bataille dont les suites mirent la monarchie sur le penchant de sa ruine. Ce fut dans ces graves conjonctures que Michel de Cadier se montra sujet fidèle et dévoué aux intérêts du roi Charles VI et du duc de Bourbon qui tenait la cause de ce roi malheureux. Lorsque Charles VII fut proclamé roi, à la mort de son père qui ne lui laissait que le quart de son royaume, dont le Bourbonnais faisait partie, Michel de Cadier conserva pour ce prince un attachement inviolable qui fut cause de la perte des biens considérables qu'il possédait auprès de Paris, et que le duc de Bedfort, alors régent d'une partie du royaume au nom du jeune Henri VI d'Angleterre, son neveu, avait confisqués avec ceux de plusieurs autres fidèles sujets du roi de France. Charles VII, pour récompenser les grands et recommandables services rendus au roi son père, et ceux qu'il recevait chaque jour depuis son départ de Paris, de son *bien amé* Michel Cadier, et le dédommager, en quelque sorte, de la perte des grands biens qu'il avait faite pour le servir, lui fit don, par lettres patentes données à Issoire, le 9 décembre[1] 1424, d'une somme de cinq cents écus d'or, somme considérable pour le temps, et surtout eu égard aux circonstances; car Charles VII était alors au plus mauvais état de ses affaires; la fatale journée de Verneuil venait de lui ôter même l'espérance, et ses finances épuisées lui permettaient à peine les dépenses nécessaires;

3° MARGUERITE DE CADIER, légataire de sa mère.

(1) Les services de Michel de Cadier étant résumés dans ces lettres, témoignages de la reconnaissance du monarque, en voici la teneur :

« CHARLES, par la grâce de Dieu, roy de France, à nostre amé et féal trésorier général « de nos finances, Macheren, salut et dilection, sçavoir vous faisons que pour considéra« tion de plusieurs grands et recommandables services que nostre bien amé Michel « Cadier, gentilhomme de nostre très cher et amé cousin, le duc de Bourbonnois, a par « longtemps faits, des pièca à feu nostre très cher seigneur et père, que Dieu absolve, « en la compagnie de feu Louis, duc de Bourbonnois, et aultrement en maintes manières, « nous a fait depuis nostre partement de la ville de Paris, et fait continuellement chacun « jour, adjurant diligences et grandes charges et dépens mesmement en aulcuns nos « grands affaires touchant le fait de nos frontières des pays de Bourbonnois et Nyver« nois, pour lesquelles nos affayres il a frayé et dépandu depuis nostre dict partement, « et faict bien souvent grand argent du sien propre, sans avoir aulcunes recompensa« tions. Considérant aussi comme pour occasion desdicts services et pour la grande et

IV. JEAN DE CADIER, IIe du nom, écuyer, seigneur de la Brosse-Cadier, gentilhomme de Louis Ier et de Jean Ier, ducs de Bourbon, rendit d'importants services à ces deux princes, ainsi que le déclare le duc Jean dans les lettres patentes[1] qu'il accorda, le 10 avril 1427, à Guillaume de Cadier, son fils. Il épousa damoiselle Jeanne D'AUGÈRE[2], avec laquelle il acquit, le 11 décembre[3] 1420, de Michel de Cadier, son frère, pour la somme de vingt et une livres tournois, tous les droits qu'il pouvait avoir sur l'hôtel de la Brosse-Cadier, avec le quart de la garenne et des dixmes, en présence de Jean de Bournon, écuyer. Jeanne d'Augère fut une des bienfaitrices de l'église de Moulins, et vivait encore en 1453, ainsi qu'il appert des registres du chapitre de cette église, dans laquelle elle fit plusieurs fondations en cette même année. Jean de Cadier fut inhumé dans l'église Notre-Dame de Moulins, et laissa de son mariage :

1° Guillaume de Cadier, IIIe du nom, qui continue la filiation ;

2° Jean de Cadier, doyen de l'église collégiale de Moulins, qui, revêtu de

« bonne loyauté que ledict Michel a toujours eue et gardée envers nous et nostre dict « seigneur et père, et aussi envers nostre dict cousin, il a perdu audict lieu de Paris et « autre part la plus grande part de sa chevance et grande abondance de beaux héritages « qu'il y avoit. Nous audict Michel, pour ces causes et considérations et pour aultres qui « nous meuvent, avons donné et donnons de grâce spécialle, par ces présentes, la somme « de cinq cens écus d'or, à les avoir pour une fois des deniers de notre recepte. Sy vous « mandons et commandons bien expressément que des deniers d'icelle votre recepte vous « lui payiez et bailliez ladicte somme de cinq cens escus d'or et par rapportant ces pré- « sentes et quitté dudict Michel Cadier, seulement la dicte somme de cinq cens écus d'or « sera allouée en vos comptes, rabatue de votre recepte ; et tout où il appartiendra, sans « aulcune difficulté nonobstant quelzconques ordonnances, mandements ou deffences au « contraire.

« Donné à Issouère, le neuvième jour de décembre, l'an de grâce mil quatre cent vingt « quatre et de nostre règne le tiers.

« Ainsi signé : Par le roi en son conseil, de Lude. »

(Original aux archives de M. de Cadier, baron de Veauce.)

(1) Ces lettres sont rapportées plus loin, à l'article de Guillaume de Cadier, IIIe du nom.

(2) Les armes d'Augère sont : *losangé d'or et de gueules.*

(3) *Archives de la Sainte-Chapelle de Paris*, cote 268, pièce 10 ; collection de dom Villevieille.

sa chape et à la tête de son chapitre, reçut, le 5 août 1442, Agnès de Bourgogne, veuve de Charles Ier, duc de Bourbon, qui venait poser la première pierre du chœur de cette église. Il fonda, en mai 1455, deux anniversaires dans son église, et y fit encore d'autres fondations, le 2 avril[1] 1458;

3° **Louis de Cadier**, chanoine de l'église de Moulins, licencié ès lois, qui fut pourvu de l'office de maître des requêtes de l'hôtel du duc de Bourbon, par lettres données à Moulins, le 10 décembre[2] 1441, et expédiées le 18 du même mois;

4° **Michel de Cadier**, chanoine de l'église de Moulins, licencié ès lois, qui fut pourvu, par les mêmes lettres de Louis de Cadier, son frère, de l'office de maître des requêtes de l'hôtel du duc de Bourbon qui, en considération de ses services, lui donna d'autres lettres de provisions de conseiller et maître des comptes de Bourbonnais, à Moulins, le 16 août[3] 1449, et expédiées le 21 du même mois.

V. GUILLAUME DE CADIER, IIIe du nom, chevalier, seigneur de la Brosse-Cadier, fut élevé à la cour des ducs de Bourbon, et devint successivement gentilhomme de Jean Ier, duc Bourbon et d'Auvergne, conseiller et président de la chambre des comptes de Bourbonnais et capitaine du château fort de Belleperche. Le duc Jean Ier, ayant été fait prisonnier à la bataille d'Azincourt (1415), qui porta un si rude coup à la vieille noblesse française, Guillaume de Cadier, qui combattait à ses côtés, fut emmené avec lui en Angleterre, où il devint son conseiller intime. Ce fut lui qui fut chargé de toutes les négociations relatives au rachat de ce prince, pour lequel il fit, à ses frais, ainsi que le constatent les lettres patentes rapportées ci-dessous, dix voyages en France et plusieurs à Naples, où régnait alors Jacques de Bourbon, comte de la Marche, cousin du duc. On fut obligé de vendre plu-

(1) Prouvé par le traité fait le 20 mars 1607, par Jacques de Cadier, IIe du nom, avec le chapitre de cette église.

(2) Extraits des titres des provinces de Bourbonnais, Auvergne, Marche, etc., transportés de la chambre des comptes de Moulins en celle de Paris, tome I, p. 11.

(3) Registre deuxième du Bourbonnais, étant au greffe de la chambre des comptes de Paris, depuis l'an 1410 à 1450; extraits de titres de Bourbonnais, etc., tome I, p. 15.

sieurs domaines de la maison de Bourbon, et il fallut encore que le comte de Clermont, son fils, et la noblesse du Bourbonnais fissent des sacrifices énormes pour former le prix de sa rançon. Guillaume de Cadier vint trois fois d'Angleterre en Bourbonnais pour réunir la somme exigée par le monarque anglais, et chaque fois il emporta cent mille écus qui furent versés au trésor royal d'Angleterre, sans que pour cela le duc pût voir ouvrir les portes de sa prison, où il mourut dans le mois de janvier 1434[1]. Pendant sa captivité, le duc Jean avait noblement récompensé les généreux services de Jean de Cadier et de Guillaume, son fils, car il permit à ce dernier, par lettres patentes[2] datées de Liefure,

(1) *Histoire de l'ancien Bourbonnais*, par Achille Allier, tome II, p. 22.

(2) Voici la teneur de ces lettres :

« Iehan, duc de Bourbonnois et d'Auvergne, comte de Forests, de Montpensier, seigneur de Beaujeu et chambrier de France, à tous ceulx qui ces présentes lettres verront, salut, sçavoir faisons que nous considérant les bons et agréables services que Guillaume Cadier, président de nos comptes, et un des gentilz-hommes de nostre duché de Bourbonnois, nous a faict au temps passé et nous faict chacun jour, et espérons qu'encore face, tant au faict de notre délivrance que aultrement, et en considération des peynes qu'il a heu ès voyages qu'il a faicts de vers nous en Angleterre depuis nostre prinze et des grands frais qu'il a faicts pour nous, tant dans le royaulme de France que d'Angleterre; comme aussi pour les services que défunt Jehan Cadier, son père, a fait à nostre très redoutable seigneur et père, que Dieu absolve, Louis, duc de Bourbonnois, nostre prédécesseur, de partie dezquelz nous sommes encore records, et suivant nostre consentement donné verbalement audict Guillaume Cadier, en nostre chastel de Clermont en Beauvoisis dès l'année dernière, avons permis et permettons audict Cadier d'establir, nommer et instituer ung juge des eaux et foretz, pour juger, vuider et terminer tous débats et différends concernant seullement les dommaiges, dégats et intérects qui seront faicts dans les bois taillis, haulte futaye et estangs, dépendances de son lieu appelé la Brosse-Cadier, scitué ès paroisses de Saint-Bonnet, Lucenat le-Vallet et Genestines, comme aussi d'establir un procureur pour le faict desdits dommaiges et dégats en constituant et donnant à chacun d'eulx gaiges suffisans et compétans et prestans par eux le serment pardevant nostre sénéchal de Bourbonnois. Et pour certifier à tous nostre plein vouloir et intention, nous avons signé ces présentes de nostre sceint manuel. Donné à Liefure, lieu de nostre détention, le dixième apvril après Pasques, l'an mil quatre cent vingt sept.

« *Signé :* Jehan.

« Et plus bas : Par mon dict seigneur, *signé :* Debart, secrétaire. »

(Ces lettres furent produites en original par-devant le juge d'armes de France, en 1710, pour les preuves de noblesse de Gilbert de Cadier, reçu page du roi, par copie collationnée à l'original le 29 avril 1624, par Sanzai, notaire.)

lieu de sa détention, du 10 avril avant Pâques 1427, d'établir, nommer et instituer un juge des eaux et forêts et un procureur dans sa seigneurie de la Brosse-Cadier.

Après la mort de Jean Ier, duc de Bourbon, Charles Ier, son fils, délivra Guillaume de Cadier, paya sa rançon, et, pour récompenser le fidèle serviteur de son père, lui donna, à son retour, la capitainerie de Belleperche en Bourbonnais. Guillaume de Cadier, rentré dans son pays, fit bâtir, près de la rue Saint-Pierre, à Moulins, l'ancien hôtel connu aujourd'hui sous le nom d'*hôtel de Moret*, auquel était attenante l'ancienne *chapelle Babutte*, qui n'en était qu'une dépendance, et qui, depuis longtemps, a été enlevée à sa destination religieuse[1]. Guillaume de Cadier, par acte du 22 septembre[2] 1450, échangea quelques droits avec Jean de Saulnier, écuyer, seigneur de Blasson, et fit encore un autre échange, par acte du 11 décembre[3] 1458, avec nobles Pierre et Jean Saulnier, écuyers, seigneurs de Blasson, agissant tant en leurs noms qu'en ceux d'Alix et Bonne, leurs sœurs; en 1469, il rendit foi et hommage à Jean II, dit le Bon, duc de Bourbon, à cause de sa châtellenie de Moulins, pour plusieurs terres situées dans la paroisse de Saint-Bonnet. Il fit son testament le 23 juillet[4] 1469, par lequel il annulle tous ceux qu'il a faits lors de ses voyages, auxquels il avait été employé aux royaumes d'Angleterre, de Naples et ailleurs pour les ducs de Bourbonnais, ordonne sa sépulture en l'église Notre-Dame de Moulins, auprès de feu Jean de Cadier, son père, donne l'usufruit de ses biens à sa femme et institue ses enfants pour héritiers. Il avait épousé noble damoiselle MARGUERITE CORDIER[5], fille de noble Jean Cordier, écuyer, laquelle, étant veuve,

(1) *L'ancien Bourbonnais*, par Achille Allier, tome II, p. 22.

(2) *Archives de la Sainte-Chapelle de Paris*, cote 268, pièce 9; collection de dom Villevieille.

(3) *Ibid.*, cote 375, pièce 12; *ibid.* (4) *Ibid.*

(5) Cette famille, ancienne dans l'ordre de la noblesse, rendit plusieurs hommages, dont les actes originaux se trouvent dans les *registres des aveux et dénombrements*, aux archives du royaume. En 1506, Jean Cordier, seigneur de Vallières, vendit la terre de Droussay à la duchesse de Bourbon.

Les armes sont : *d'azur, au chevron d'or, accompagné de trois roues du même.*

fit un accord, par acte du 16e jour avant la Saint-Luc[1] de l'année 1478, avec Jean de Cadier, son fils aîné, et constitua vingt-cinq écus d'or en dot à damoiselle Jeanne Cordier, sa nièce, en faveur de son mariage avec Charles de la Mousse, chevalier; elle fit son testament le 11 novembre de la même année et institue pour heritiers ses enfants qui suivent :

1° **Jean de Cadier**, IIIe du nom, qui continue la postérité;

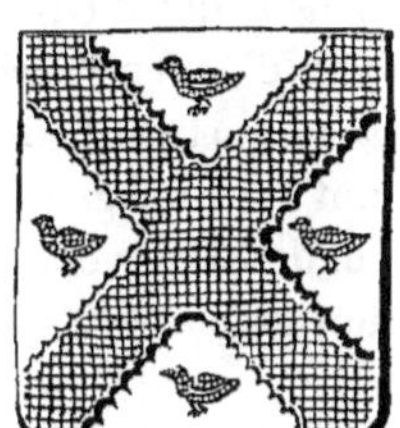

2° **Charles de Cadier**, chancelier d'Orléans, qui reçut de dame Jeanne Cordier, sa mère, une somme de 180 écus d'or, à prendre sur les 80 livres tournois de rente qui avaient été données à Guillaume de Cadier, son père, par Jean, duc de Bourbon; cette donation lui fut faite en faveur de son mariage avec damoiselle Denise **Raguier**, fille de Rémond Raguier, et sœur de Louis Raguier[2], évêque de Troyes. Ce fut lui qui fonda la Traverse Cadier, près de l'Échelle du Temple, à Paris, à l'angle de laquelle était l'hôtel de Cadier, en 1459. Il était décédé avant le 13 août 1459, laissant de son alliance :

(1) *Archives de la Sainte-Chapelle*, cote 375, pièce 12; collection de dom Villevieille.

(2) Cette famille, depuis longtemps éteinte, est originaire d'Allemagne, et vint en France, en 1383, avec Isabelle de Bavière, femme de Charles VI. Louis Raguier fut contrôleur général des finances d'Isabelle de Bavière, puis conseiller au parlement de Paris, en 1438, président en la cour des aides, et fut élu évêque de Troyes en 1450. Parvenu à un âge assez avancé, il se démit de ses fonctions épiscopales en faveur de Jacques Raguier, son neveu, décéda le 19 août 1488, et fut inhumé dans sa cathédrale, près du grand autel, sous une tombe de cuivre, avec cette épitaphe :

Hic jacet reverendus pater in Domino nobilis dominus Ludovicus Raguier *episcopus hujus ecclesiæ, imperante christianissimo principe Carolo rege Franciæ septimo hujus nominis, fuit senator in parlamento, deinde præses in curiâ juvaninum Lutetiæ; qui obiit* 19 *augusti* 1488. *Animam ejus possideat Dominus.*

Jacques Raguier, neveu du précédent, lui succéda dans l'évêché de Troyes, le 3 décembre 1483, selon le livre des provisions des prélats. Il fit son entrée dans son église, avec la pompe accoutumée, le 28 février de l'année suivante. Ce prélat mourut le 14 novembre 1518, et fut inhumé dans la cathédrale, auprès de son oncle, sous une tombe portant cette courte épitaphe :

Hic jacet reverendus pater in Deo nobilis dominus Jacobus Raguier quondam episcopus trecensis et administrator perpetuus abbatiarum Arremarensis et sancti Jacobi pruvinensis, qui excessit 14 *novembri* 1518.

Les armes de cette famille sont : *d'argent, au sautoir engrelé de sable, accompagné de quatre perdrix au naturel.*

a. Charles de Cadier, grand archidiacre de l'église de Troyes, qui obtint, conjointement avec Raoul de Refuge, son beau-frère, le 13 août 1459, une permission de pouvoir à rente, en réservant les cens dus au duc, sur une maison située dans la ville de Moulins, provenant de la succession de Charles de Cadier, leur père:

b. Marie de Cadier, mariée à Raoul de Refuge[1], conseiller du roi Charles VII, maître des comptes, puis chancelier du duc d'Orléans, gouverneur de Milan en 1469, et podestat d'Ast, fils de Jean de Refuge, gouverneur pour le duc d'Orléans, frère de Charles VI, de la ville d'Ast en Piémont, et de dame Jeanne de ***Faucrois***, et petit-fils de Gauvin de Refuge, qui vint de Bretagne en France avec Tanneguy du Châtel, son oncle. Raoul de Refuge obtint, comme il est dit plus haut, des lettres de permission avec Charles de Cadier, son beau-frère.

Marie de Cadier eut de son alliance :

I. Pierre de Refuge, chanoine et archidiacre de l'église de Paris, conseiller au parlement le 4 janvier 1484, puis président des requêtes, mort le 31 mai 1515, et inhumé dans l'église Notre-Dame de Paris, derrière le chœur ;

II. Raoulet de Refuge, seigneur du Four et de Courcelle, conseiller, échanson et maître d'hôtel du roi Louis XII en 1499, et maître des requêtes ordinaire de sa chambre des comptes de Paris, qui, de dame Catherine *de Ruzé*[2], sa femme, a eu une postérité qui s'est éteinte en la personne de Henri Pomponne, marquis de Refuge, seigneur de Villarceau, né le 10 juillet 1686, guidon, puis lieutenant des gendarmes écossais, brigadier en 1734, maréchal de camp en 1738, lieutenant général en 1744, qui a commandé toute la gendarmerie, et décédé sans avoir pris d'alliance, le 11 novembre 1766 ;

III. Étienne de Refuge, chanoine de Troyes ;

(1) Les armes de Refuge sont : *d'argent, à deux fasces de gueules, deux serpents d'azur posés en pal.*

(2) Les armes de Ruzé sont : *de gueules, au chevron fascé ondé d'argent et d'azur, accompagné de trois lions d'or.*

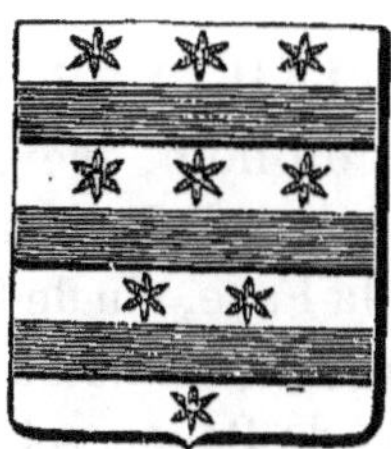

IV. **Renaud de Refuge**, seigneur de Vilaines, de Fossés et de Galardon, premier écuyer de Louis XII et de François Ier, en 1516, marié à Marie *Chauvet*[1], de Xaintes, de laquelle il a eu des descendants qui se sont éteints en la personne de Gédéon de Refuge, comte de Couesmes, qui n'eut que deux filles de son alliance avec Louise de Chaumont;

V. **Élie de Refuge**, seigneur des Bordes, maître d'hôtel de Louise de Savoie, mère de François Ier, marié à Madeleine *de Séry*[2]. Sa postérité était représentée, dans le dix-septième siècle, par Charles de Refuge, seigneur de Salvert et de Courbat, marié, le 5 octobre 1625, à Marie Morin, de laquelle il eut deux fils dont on ignore la destinée;

VI. **François de Refuge**, conseiller et aumônier du roi Louis XII;

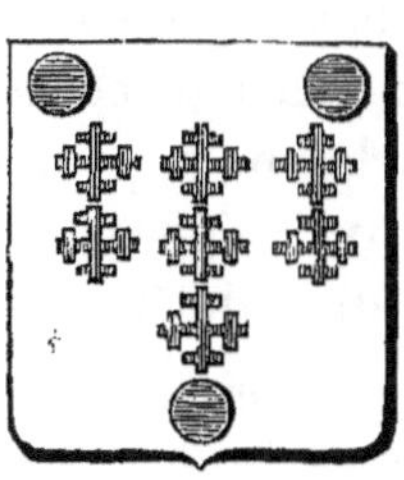

VII. **Christophe de Refuge**, seigneur de Marolles, correcteur des comptes et maître d'hôtel de Charles, duc d'Alençon, en 1516, dont la postérité finit avec Louis de Refuge, son petit-fils, seigneur de Thieulloy, etc., tué à la bataille de Moncontour, en 1569, ne laissant qu'une fille de Marie *de Bigant*, sa femme[3].

VIII. Et quatre filles.

3° **Jean de Cadier**, dit *Jeannet*, seigneur d'Avernes et de la Rigolée, auteur de la branche établie en Normandie, rapportée en son lieu.

(1) Les armes de Chauvet sont: *d'argent, à trois fasces d'azur accompagnées de neuf molettes de gueules*, 3, 3, 2, 1.

(2) Les armes de Séry sont: *d'azur, à la licorne d'argent accompagnée de trois besans d'or.*

(3) De Bigant porte pour armes: *d'argent, à trois tourteaux d'azur, accompagnés de sept croix recroisetées de gueules, posées* 3, 3, 1.

VI. JEAN DE CADIER, IIIe du nom, chevalier, seigneur de la Brosse-Cadier et de la Faye, élu de Bourbonnais, capitaine du château-fort de Belleperche [1], fit, le 6 septembre[2] 1474, foi et hommage à Jean II, duc de Bourbon et d'Auvergne, pour sa seigneurie de la Brosse-Cadier. Par un accord passé le seizième jour avant la Saint-Luc[3] 1478, il acquit une rente de cent sols tournois de dame Marguerite Cordier, sa mère, qui, par le même acte, en considération des sommes qu'il avait données à Charles et à Jean, dit *Jeannet* de Cadier, ses frères, lui fit don d'une somme de soixante sols de rente; plusieurs habitants de la paroisse de Saint-Bonnet, par acte du 2 juin[4] 1479, reconnurent tenir de lui, à cause de sa seigneurie de la Brosse-Cadier, plusieurs héritages pour lesquels ils devaient payer, à différentes époques, plusieurs redevances exprimées dans cet acte. Jean de Cadier fut confirmé, par lettres de la duchesse de Bourbon, données au château de Moulins le 29 décembre[5] 1488, dans l'office de conseiller-auditeur et maître des comptes de Bourbonnais, pour lequel il prêta serment le 5 janvier suivant. Il avait épousé : 1° demoiselle MICHELLE GUYMARD[6]; 2° par contrat du 20 mai[7] 1485,

(1) Le château de Belleperche, jadis forteresse imposante, située sur la rive gauche de l'Allier, était l'une des dix-neuf châtellenies du duché de Bourbonnais. Il fut assiégé et pris, en 1369, par les Anglais, qui y firent prisonnière Isabelle, duchesse de Bourbon, veuve de Pierre Ier, et mère de Louis II, *le Bon*, qui accourut de son château de Chantelle pour s'en emparer; mais il fit des efforts inutiles. On ne reconnaît plus guère aujourd'hui que l'enceinte.

(2) (3) (4) *Archives de la Sainte-Chapelle;* collection de dom Villevieille.

(5) Extraits de titres des provinces de Bourbonnais, d'Auvergne, de la Marche, etc., transportés de la Chambre des comptes de Moulins en celle de Paris (registre sixième du Bourbonnais, folio 377), tome I, p. 136.

(6) Les armes de GUYMARD sont : *d'argent, à un écot d'arbre coupé et péri en bande de sinople, duquel à senestre sort une branche se tendant vers le chef du même; parti d'azur, au lion d'or, couronné du même, armé et lampassé de gueules.*

(7) Ces deux alliances sont prouvées par le jugement rendu par François Le Cirier, président au parlement de Paris, commissaire départi dans la généralité d'Alençon, pour la recherche des droits de francs fiefs, en faveur de Jean de Cadier, seigneur de Fontenay, de la branche établie en Normandie.

demoiselle MARGUERITE DE LARE[1], avec laquelle il avait été élevé dans la maison des ducs de Bourbon, qui s'intéressèrent à ce mariage. Il fit son testament le 7 septembre 1506, par lequel il ordonne sa sépulture dans l'église Notre-Dame de Moulins, *ès thumbes de ses pères et aultres devanciers*, à côté de Michelle Guymard, sa première femme, dans le cas où il viendrait à décéder à Moulins; et s'il décède en son château de la Brosse, il demande à être inhumé dans sa chapelle auprès de Marguerite de Lare, sa seconde femme. Il ne vivait plus le 25 du mois[2] suivant.

Il eut de son second mariage :

1° MICHEL DE CADIER, Ier du nom, qui continue la généalogie ;

2° JEAN DE CADIER, écuyer, seigneur de Montgarnaud, licencié ès-lois, lieutenant général du domaine de la sénéchaussée de Bourbonnais, par provisions du 16 mars[3] 1515, qui figure en cette qualité dans le procès-verbal dressé en la grande salle du château de Moulins, le 18 mars 1520, à l'occasion de la publication des coutumes du pays et duché de Bourbonnais. Il fut ensuite trésorier de Bourbonnais, par autres lettres de décembre[4] 1522; fit hommage en 1520[5], pour sa seigneurie de Montgarnaud, mouvant de la châtellenie de Moulins et duché de Bourbonnais, et en[6] 1527, pour la terre et seigneurie de Peroux. Il est mort sans laisser de postérité ;

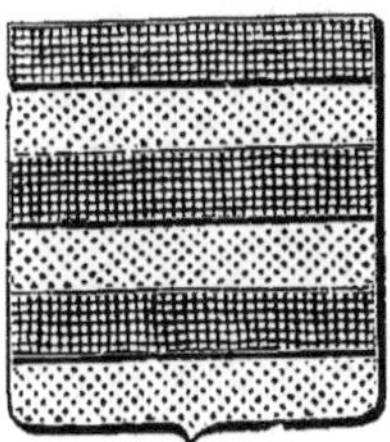

3° SIBILLE DE CADIER, qui est qualifiée fille de noble seigneur Jean de Cadier, élu de Bourbonnais, dans les lettres des fiançailles de son mariage accordé avec noble Catelan des LUARTS, et célébré dans l'église Saint-Paul de Lyon, le 4 janvier[7] 15^7. Ils reçurent du pape Léon X des lettres d'indulgence, dans lesquelles le futur est appelé *Catalaneus Luerdi*, et ses armes sont peintes dans

(1) Les armes de LARE sont : *d'argent, au chevron de sable, accompagné de trois roues du même.*

(2) Prouvé par les lettres de provisions de l'office d'auditeur et maître des comptes, accordées à Guillaume d'Aigremont, et qui était vacant par la mort de messire Jean de Cadier. (Extraits des titres du Bourbonnais, etc., tome I, p. 228.)

(3) (4) Extraits des titres des provinces de Bourbonnais, Auvergne, etc. (Reg. VIII du Bourbonnais, fol. 375), tome I, p. 233, 250.

(5) (6) *Ibidem*, et Registres des aveux et dénombrements aux Archives du royaume, reg. 453, p. 265, reg. 482, p. 35.

(7) Généalogie dressée par M. d'Hozier, au cabinet des titres, à la Bibliothèque royale.

la pancarte : *fascé de sable et d'or de six pièces*[1]. Sibille de Cadier était veuve lorsqu'elle transigea, le 25 mars 1525[2], avec noble homme Michel de Cadier, son frère, au sujet des biens provenant de la succession de leurs père et mère. Elle donna à son fils, par acte du 25 février 1545[3], reçu par Guérel, notaire à Lyon, en présence de noble homme Nicolas de Chapponnai, seigneur de Fezins, une somme de 400 livres qu'elle avait à prendre sur les héritiers de feu Michel de Cadier et plusieurs autres droits qui lui appartenaient sur les successions de ses père et mère. Elle ne vivait plus le 16 mars 1547[4].

Ses enfants furent :

a. ROBERT DES LUARTS, étudiant en l'Université de Paris, le 26 mars 1525;

b. JEAN DES LUARTS, auditeur des comptes à Grenoble, le 25 février 1545, puis conseiller du roi et maître en sa Chambre des comptes de la même ville, qui céda, le 16 mars 1547, à Louise des Luarts, sa sœur, veuve de Jacques Séguier, une somme de 400 livres, qui lui était due en reste de celle de 1000 livres dont messire Michel de Cadier s'était engagé envers Sibille de Cadier, leur mère, par acte du 26 mars 1525 ;

c. LOUISE DES LUARTS, que Blanchard, dans son *Histoire des premiers présidents*, et, après lui, l'*Histoire généalogique des grands officiers de la couronne*, nomment mal à propos *Louise de Stuart*, épousa Jacques *Séguier*, contrôleur général des guerres et de l'artillerie, fils aîné de Blaise Séguier[5] et de Catherine *Chenart*, qui mourut le 3 mars 1535, et avec lequel elle fut inhumée dans l'église de l'Ave-Maria. De cette alliance sont issus les seigneurs de Charmoise et de Gloise en Brie.

(1) Généalogie dressée par M. d'Hozier, au cabinet des titres, à la Bibliothèque royale

(2) Preuves de noblesse faites devant le juge d'armes de France, en 1710, par Gilbert de Cadier.

(3) *Ibidem*.

(4) Prouvé par l'acte de cession que fit Jean des Luarts à Louise, sa sœur, rapporté par extrait dans les preuves de noblesse de 1710.

(5) La maison de SÉGUIER est du nombre de celles qui ont le plus illustré la magistrature française; elle a donné un chancelier de France, cinq présidents à mortier, trois avocats généraux, huit maîtres des requêtes, un ambassadeur à Venise, etc.

Blaise Séguier, mort le 25 avril 1510, par Catherine Chenart, sa femme, a été la tige des branches dont les noms suivent :

1° Les seigneurs de Charmoise et de Gloise en Brie;

2° Les seigneurs de Sorel, marquis d'O, éteints en 1663 ;

3° Les seigneurs d'Autry, qui ont fini avec Pierre Séguier, chancelier de France,

VII. MICHEL DE CADIER, Ier du nom, chevalier, seigneur de la Brosse-Cadier et de la Cour-Chappeau, de Baize, de la Faye et autres lieux, élu en l'élection de Bourbonnais, fonda la chapelle funéraire de la maison de Cadier dans l'église Notre-Dame de Moulins, et la plaça sous l'invocation de saint Michel Archange, dont la statue combattant le dragon couronnait le retable de l'autel, fit sculpter ses armoiries au centre de la voûte de la chapelle et les fit peindre sur les vitraux. Il fut accordé par contrat de mariage du 20 septembre[1] 1508 avec damoiselle PERRONNELLE DE BERTRAND[2], fille de Pierre de Bertrand, seigneur de Baize, lieutenant général de Bourbonnais, et de dame Marie AUBERT, sa femme; fit un accord, par acte passé le 16 mai[3] 1511 devant Gilbert Rochefort, notaire à Moulins, avec Guillaume et Jean Demas, pour des cens et rentes acquis par Guillaume de Cadier, son aïeul, en 1458, de Jean et de Pierre de Blasson, écuyers; rendit hommage au duc de Bourbon en 1513 et 1516[4], en la chambre des comptes de Moulins, pour ses fiefs et seigneuries de la Cour et de la Brosse, relevant de ce prince

créé duc de Villemor, en janvier 1650 (les lettres ne furent point enregistrées), et décédé, sans postérité mâle, le 28 janvier 1672;

4° Les seigneurs de Saint-Cyr, de Champigny et de Saint-Brisson. C'est de cette branche que descend :

Antoine-Jean-Mathieu, baron Séguier, pair de France, premier président de la Cour royale de Paris.

Barthélemy Séguier, frère de Blaise, a formé deux autres branches, celles des seigneurs de la Verrière et de Courtampierre, la première existante en 1734, la seconde actuellement éteinte.

Les armes sont : *d'azur, au chevron d'or, accompagné en chef de deux étoiles du même et en pointe d'un mouton d'argent.*

(1) Rappelé dans le jugement rendu en faveur de Jean de Cadier, seigneur de Fontenay, en Normandie, par le président Le Cirier, le 23 janvier 1581.

(2) Les armes de BERTRAND sont : *de sable, à trois pals engrelés d'or; au chef de gueules, chargé d'un poisson d'or.*

(3) Original aux archives de M. le baron de Veauce. Généalogie dressée par M. Rollet d'Avaux, aux Preuves.

(4) Registres des aveux et dénombrements aux Archives du royaume, reg. 452, p. 288; reg 483, p. 25.

à cause de son duché de Bourbonnais ; fut créé bailli de la ville de Bourbon-Lancy en survivance de Pierre Bertrand, son beau-père, par lettres données à Paris, le 12 janvier[1] 1514, et en prêta serment le 5 mars de la même année ; acquit, conjointement avec dame Perronnelle de Bertrand, sa femme, de Pierre Blanchard une terre située dans la paroisse de Saint-Bonnet, par acte passé devant Jean Rozeau, notaire à Moulins, le 15 avril[2] 1524 ; le 26 mars[3] de l'année suivante, par acte passé devant Claude Chussonnet, notaire à Lyon, il transigea avec dame Sibille de Cadier, sa sœur, veuve de noble Catelan des Luarts, au sujet des droits qu'ils avaient sur la succession de leurs père et mère ; consentit, le 7 janvier[4] 1527, un bail de plusieurs héritages situés dans la paroisse de Besson, à Jean Fournier et autres habitants de ce lieu ; obtint en sa faveur, le 9 du même mois[5], avec dame Perronnelle de Bertrand, une sentence de la sénéchaussée de Bourbonnais contre Pierre Thévenin et autres ; et le 30 janvier 1533, ayant fait rendre un jugement par cette même cour contre Jean Chanteau, écuyer, seigneur de Marcelanges, celui-ci, par acte du 1er avril[6] suivant, lui céda tout ce qu'il avait acquis de Pierre de Feydeau, près la terre de la Brosse-Cadier, en échange de quoi il lui transporta plusieurs rentes. Michel de Cadier mourut le 5 mai 1539, et le 16 du même mois Perronnelle Bertrand, sa veuve, fit dresser un inventaire de tous les titres de la seigneurie de la Brosse, et les remit à Jacques de Cadier, son fils aîné.

Les enfants de Michel de Cadier furent :

1° Jacques de Cadier, Ier du nom, qui continue la postérité ;

(1) Extraits des titres des provinces de Bourbonnais, etc. (reg. 8, fol. 320), de la chambre des comptes de Moulins, transportés en celle de Paris, tome I, p. 228.

(2) Original aux archives de M. de Cadier, baron de Veauce ; généalogie dressée par M. Rollet d'Avaux.

(3) Preuves de noblesse faites devant le juge d'armes de France, en 1710.

(4) (5) Original aux archives de M. de Cadier, baron de Veauce ; généalogie dressée par M. Rollet d'Avaux.

(6) Preuves de noblesse faites en 1710.

2° **Louis de Cadier**, écuyer, homme d'armes des ordonnances du roi, sous M. de la Guiche, qui épousa Jacquette **Le Gendre**[1], qui était veuve de lui le 5 mai 1567[2]. De cette famille Le Gendre était Pierre Le Gendre, écuyer, seigneur de Saint-Martin des Lais, près Moulins, qui fut maintenu dans sa noblesse sur preuves de quatre degrés, conjointement avec Charles et Jean Le Gendre, ses frères, et Pierre Le Gendre, prieur de Lucenay, par ordonnance de Jacques le Vayer, intendant de la généralité de Moulins, du 29 mars 1698. Louis de Cadier de son alliance eut une fille, Perronnelle de Cadier, qui est mentionnée dans une sentence du présidial de Moulins, du 5 mai 1567, et dans un arrêt du parlement, du 29 janvier[3] 1569 ;

Il eut aussi une fille naturelle :

Perronnelle *de Cadier*, mentionnée dans les mêmes actes.

3° **Jeanne de Cadier**, mariée à Gilbert **Pallebost**[4], seigneur de Bonnasts en Bourgogne, duquel elle eut un fils :

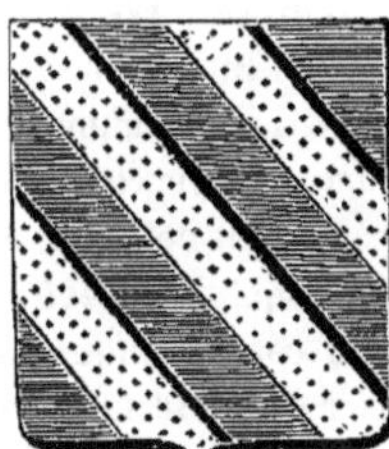

Gilbert Pallebost, qui épousa demoiselle Jeanne **de Luppé**[5], qui était veuve de lui lorsque, par acte du 1er septembre 1566[6], passé devant Rouaud, notaire à Moulins, elle fit un accord avec messire Jacques de Cadier, qui avait eu la curatelle de feu Gilbert Pallebost, son mari, et lui transporta une rente de 40 livres qui lui était due sur la maison et seigneurie de Chappes.

(1) Les armes de **Le Gendre** sont : *d'azur, à une fasce d'argent, accompagnée de trois têtes de filles du même, chevelées d'or et posées de front, deux en chef et une en pointe.*

(2) (3) Preuves de noblesse faites par-devant le juge d'armes, en 1710, par Gilbert de Cadier.

(4) Les armes de **Pallebost** sont : *de sable, au pal d'or chargé de trois étoiles d'azur.*

(5) Les armes de **Luppé** sont : *d'azur, à trois bandes d'or.* Cette maison, d'ancienne chevalerie, figurait parmi les plus illustres races de la Guienne dès le milieu du dixième siècle, époque à laquelle l'hérédité des noms commençait à se fixer dans les familles. D'anciennes traditions la font descendre des anciens ducs de Gascogne : le premier que l'on connaisse est Donat de Lupé (*Lupi*), vivant en 956.

(6) Preuves de noblesse faites en 1710.

VIII. JACQUES DE CADIER, Ier du nom, écuyer, seigneur de la Brosse, de Baize et autres lieux, fut élu pour le roi au pays et élection de Bourbonnais et conseiller des comptes. Le 2 avril[1] 1544 et le 22 avril[2] de l'année suivante, les prêtres et les habitants de Saint-Bonnet-lez-Moulins lui présentèrent une supplique pour lui demander la permission d'ouvrir sa chapelle, appelée la *chapelle Cadier*, pour y faire quêter, sous la protestation de n'y prétendre aucuns droits. Il fut accordé, par contrat de mariage, passé le 5 décembre[3] 1551 devant Pierre Pélisson, notaire à Lyon, avec demoiselle MARGUERITE CAILLE[4], fille de feu noble homme Simon Caille, écuyer, prévôt des maréchaux de France en la sénéchaussée de Lyonnais, Forez et Beaujolais, et de dame Anne BULLIOUD[5], sa femme; le futur assisté d'hono-

(1) (2) (3) Original aux archives de M. de Cadier, baron de Veauce, produit devant le juge d'armes pour les preuves de noblesse faites en 1710.

(4) Les armes de CAILLE sont : *d'argent, à trois canettes de sable posées deux et une.*

(5) Elle était nièce de Symphorien BULLIOUD, fils de Guillaume Bullioud, docteur en droit, juge ordinaire de l'église de Lyon, homme très habile, qui mourut le 24 décembre 1498, et de Catherine Varinier. Symphorien, après avoir été chanoine de Saint-Just à Lyon, et conseiller clerc au parlement de Paris, fut successivement évêque de Glandevès, de Bazas et de Soissons. Lorsqu'il fut élevé à l'épiscopat, il résigna sa charge de conseiller à Maurice Bullioud, son cousin, auquel Benoît de Court dédia, en 1538, son livre des *Arrêts d'amour*. Maurice Bullioud fut aussi prieur de Saint-Samson d'Orléans, et doyen de l'église Saint-Marcel à Paris, et mourut le 27 mai 1541. Symphorien étant évêque de Glandevès, Louis XII l'envoya à Milan en qualité de gouverneur, en 1509. La même année, il l'envoya à Rome en qualité de son ambassadeur, et il y demeura jusqu'en 1512. Vers ce même temps, il fut fait un des douze aumôniers de la chapelle du roi. François Ier le nomma grand maître de son oratoire, le transféra à l'évêché de Bazas, vers 1516, et le fit conseiller d'État. Bullioud permuta, en 1528, avec Foucaud de Bonneval, évêque de Soissons, et ce fut le dernier siége qu'il remplit. Il mourut dans cette ville, le 5 janvier 1533 (*Histoire littéraire de Lyon; Gallia Christiana*). Pierre Bullioud, proche parent du précédent, procureur général au parlement de Dombes, et procureur du roi au présidial de Lyon, avait fait des études profondes dans les langues hébraïque, syriaque, grecque et latine, qu'il savait mieux qu'aucune personne de son siècle. Guénebrard, l'impétueux archevêque d'Aix, qui avait été son maître à Paris, l'estimait beaucoup. Pierre Bullioud mourut en 1593, à Paris, où il avait été député auprès du roi Henri IV par le consulat, dont il était premier échevin. Il fut enterré en l'église Saint-Germain-l'Auxerrois, dans le tombeau du chancelier Bellièvre, dont il était proche parent. On a de lui plusieurs ouvrages estimés. Un de ses fils, Pierre Bullioud, jésuite,

rable homme et sage maître Jean Saulnier, fondé de procuration de dame Perronnelle de Bertrand, et la future de noble et égrégée personne messire Jacques Caille, son oncle, chanoine de l'église collégiale de Saint-Just-sur-Lyon et prieur commendataire de Villemeux; à cet acte furent présents honorable homme Guillaume Renaud, noble, égrégée et honorable personne Benoît Buatier, docteur en droit, chanoine de l'église collégiale de Saint-Paul et official de Lyon, messire François Buatier et noble frère Mathieu de Massod, religieux de l'ordre de Saint-Jean de Jérusalem et commandeur d'Arbois. Jacques de Cadier fit un accord, le 1er septembre[1] 1566, devant Rouaud, notaire à Moulins, avec demoiselle Jeanne de Luppé, veuve de Gilbert Pallebost, son neveu, par lequel il remet entre ses mains tous les titres et papiers énoncés dans l'inventaire qu'il avait fait faire lors de sa nomination de curateur de Gilbert Pallebost et tous ceux dont il s'était servi pour poursuivre le procès qu'il avait eu en son nom contre Jean de la Roche, écuyer, seigneur de la Motte Morgon et contre les héritiers de la veuve de Nicolas le Brave, appelé le *capitaine Nicolas;* il obtint, le 29 janvier[2] 1569, au nom et comme tuteur de Jacques Cadier, son fils émancipé, héritier de Louis de Cadier, son oncle, un arrêt du parlement de Paris qui cassa et annula la sentence rendue le 5 mai 1567 par le présidial de Moulins, qui avait adjugé à Jean Billard, avocat, la terre et seigneurie de la Brosse; obtint encore, les 6 août et 21 octobre[3] de la même année 1569, deux sentences du présidial de Moulins contre Gilbert Fillol, écuyer, seigneur de Marcellange; donna, le 16 avril[4] 1584, une maison située à Moulins et la seigneurie de Baize à dame Marguerite Caille, sa femme, avec laquelle il ratifia, le 20 octobre[5] de la même an-

a écrit la vie de Symphorien Bullioud, son parent, dont il est parlé plus haut, et a laissé d'autres ouvrages imprimés et manuscrits.

Les armes de cette famille sont : *tranché d'argent et d'azur, à trois tourteaux et trois besans posés en orle, de l'un en l'autre.*

(1) (2) Original produit pour les preuves de pages faites, en 1710, par Gilbert de Cadier.

(3) Originaux aux archives de M. de Cadier, baron de Veauce; généalogie dressée par M. Rollet d'Avaux.

(4) (5) *Ibidem.*

née, la vente d'une maison située à Lyon, faite par noble Antoine Verne, mari de Jeanne de Cadier, leur fille. Ils assistèrent ensemble au contrat de mariage de leur fils aîné, le 18 avril 1586; et Jacques de Cadier ne vivait plus le 12 juin 1588, ainsi qu'il appert d'une requête[1] à cette date présentée à dame Marguerite Caille, qui y est qualifiée sa veuve, et à Jacques, son fils, par les prêtres de la paroisse de Saint-Bonnet, qui leur demandaient d'ouvrir leur chapelle le jour de la Fête-Dieu; le 20 mars[2] de l'année suivante, semblable requête leur fut présentée afin qu'il leur plût de prêter cette même chapelle « *pour le temps si calamiteux d'aujourd'huy*, » est-il dit, c'est-à-dire pendant les troubles religieux qui précédèrent l'avénement de Henri IV à la couronne.

Jacques de Cadier eut de son alliance :

1° JACQUES DE CADIER, IIe du nom, qui continue la descendance ;

2° PIERRE DE CADIER, écuyer, seigneur de la Brosse, élu de Bourbonnais, qui ratifia, le 12 août 1585, le contrat de mariage de Jacques, son frère; il fut tué au service du roi dans la guerre de Savoie;

3° PERRONNELLE DE CADIER, mariée, par contrat accordé le 15 octobre 1576[3], en la ville de Moulins, à noble homme Jean PERRIER[4], écuyer, seigneur de la Jarrie, fils de feu noble homme Jean Perrier, écuyer, et de dame Anne Sayer, en présence de noble homme Archambaud d'Obeil et de Pierre Roi; elle était veuve en 1587, époque à laquelle Jacques de Cadier, son frère, fut nommé tuteur de ses deux filles :

Marguerite et *Marie Perrier*, qui firent une transaction, le 4 janvier 1600, avec Jacques de Cadier, leur oncle, qui leur rendit son compte de tutelle;

(1) (2) Originaux aux archives de M. de Cadier, baron de Veauce; généalogie dressée par M. Rollet d'Avaux.

(3) Généalogie dressée par M. Rollet d'Avaux, Riom, 1764, p. 58.

(4) Les armes de PERRIER sont : *d'or, au poirier de sinople, fruité d'or.*

4° **Jeanne de Cadier**, qui épousa, avant le 6 avril 1584, noble Antoine Verne[1], trésorier de France, receveur des tailles de Bourbonnais, qui vendit une maison située à Lyon, appartenant à Marguerite Caille, qui l'avait donnée en dot à Jeanne de Cadier, sa fille; elle était veuve quand, en 1608, elle fit foi et hommage[2] au roi, en sa chambre des comptes de Moulins, pour la maison, terre et seigneurie de Fraigne et domaine de Brugrion, paroisses de Longepré et de Marcy-le-Vieux, relevant de Sa Majesté à cause de sa châtellenie de Moulins. Elle eut de son mariage, entre autres enfants, deux filles : *Jeanne de Verne*, qui épousa, le 7 février 1604, Jean *du Buisson*, seigneur de Beauregard, et *Elisabeth de Verne*, mariée, le 30 novembre 1610, à Nicolas *du Buisson*, frère du précédent, qui devint baron de Veauce en 1641.

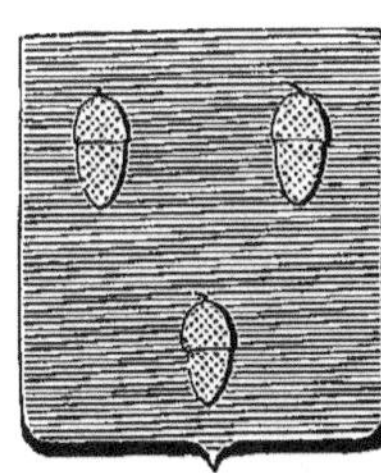

IX. JACQUES DE CADIER, IIe du nom, écuyer, seigneur de la Brosse-Cadier et de Baize, conseiller et élu du roi à Moulins, épousa en présence de ses père et mère, par contrat passé le 19 juillet[3] 1585, devant Jean Bernachier, notaire à Moulins, damoiselle Madeleine de LINGENDES[4], sœur de Louise

(1) Les armes de Verne sont : *d'azur, à trois étoiles d'or.*

(2) Registres des aveux et dénombrements aux Archives du royaume, reg. 474, pièce 2.

(3) Acte rapporté par extrait dans la généalogie dressée par M. Rollet d'Avaux, et produit en expédition originale pour les preuves de noblesse faites en 1710 par Gilbert de Cadier.

(5) La famille de Lingendes, une des plus anciennes de la ville de Moulins, et qui s'est éteinte à la fin du siècle dernier, a brillé d'un vif éclat dans le dix-septième siècle. Les deux frères Jean de Lingendes, et leur cousin, Claude de Lingendes, ont contribué le plus à son illustration.

Jean de Lingendes, né à Moulins en 1580, se fit de bonne heure une grande réputation comme poëte. Protégé de Marie de Médicis, mère de Louis XIII, et de la princesse de Conty, il leur dédia la plupart de ses poésies, qui ont été recueillies en cinq volumes in-12. Il mourut, en 1616, dans un âge peu avancé. Titon du Tillet lui a donné une place dans son *Parnasse français*.

Jean de Lingendes, frère du précédent, baron de Montbelet, Romenay, Rousset, Chauffailles, Vincelles et Courcelles, conseiller du roi en ses conseils, abbé de Vulmaire, au diocèse de Bologne, évêque de Sarlat, puis de Mâcon, né en 1595, se fit une grande et légitime réputation comme prédicateur. D'abord précepteur du comte de Moret, bâtard

de Lingendes, mariée, le 11 septembre 1577, à André du Buisson, toutes deux filles de feu noble homme Jean de Lingendes, lieutenant général et juge magistral et criminel de Bourbonnais, et de dame Madeleine de CHARPIN DE LA RIVIÈRE [1], sa femme; la

de Henri IV, Louis XIII le choisit pour son aumônier et le nomma plus tard évêque de Sarlat. Il fut sacré, en 1642, par Léonore d'Estampes, archevêque de Rouen, dans l'église des Pères de la société de Jésus. Transféré au siége épiscopal de Mâcon, par ordonnance du 10 novembre 1650, il prêta serment au roi Louis XIV, le 20 juin de l'année suivante. Il présida, en 1655, l'assemblée des états-généraux du clergé convoquée à Paris, où il avait été envoyé par la province de Lyon avec Jacques de Neuchèze, évêque et comte de Châlons. Il mourut le 2 mai 1665, et fut inhumé dans la chapelle de Saint-Claude, en son église cathédrale. Sur son tombeau était une épitaphe rapportée dans la *Gallia christiana* (t. IV, col. 1103). L'oraison funèbre de Victor-Amédée, duc de Savoie, qu'il prononça en 1627, et celle de Louis XIII en 1643, passaient pour les plus beaux morceaux d'éloquence sacrée en notre langue avant qu'on eût entendu les chefs-d'œuvre de Fléchier et de Bossuet. Voici un jugement qui doit avoir quelque autorité; il est de Voltaire :

« Jean de Lingendes, évêque de Mâcon, aujourd'hui inconnu parce qu'il ne fit point « imprimer ses ouvrages, fut le premier orateur qui parla dans le grand goût. Ses ser« mons et ses oraisons funèbres, quoique mêlées de la rouille de son temps, furent le « modèle des orateurs qui l'imitèrent et le surpassèrent. L'oraison funèbre de Charles« Emmanuel, duc de Savoie, surnommé le *Grand* dans son pays, prononcée par Lin« gendes en 1630, était pleine de si grands traits d'éloquence que Fléchier, longtemps « après, en prit l'exorde tout entier, ainsi que le texte et plusieurs passages considéra« bles, pour orner la fameuse oraison du vicomte de Turenne. »

Nicolas de Lingendes, frère des précédents, maître d'hôtel ordinaire du roi, fut envoyé en Espagne pour la négociation du mariage de Louis XIII avec Anne d'Autriche. De sa première femme, Marie d'Abra de Raconis, tante de Charles d'Abra de Raconis, évêque de Lavaur, il eut Charles de Lingendes, maître d'hôtel du roi, mort sous-doyen des chevaliers de Saint-Michel le 15 mai 1697, âgé d'environ 80 ans, laissant de Geneviève de La Faye, sa femme, Jean-Augustin de Lingendes, mousquetaire du roi, puis capitaine de cavalerie en 1689, d'une bravoure renommée.

Claude de Lingendes, cousin des précédents, né à Moulins en 1591, entra dans l'ordre des Jésuites, à Lyon, en 1607, fut recteur au collége de Moulins, et passa pour un des excellents prédicateurs du dix-septième siècle. Il mourut à Paris supérieur de la maison professe, le 12 avril 1660, âgé de 69 ans. Ses sermons ont été publiés, en 1666, en trois volumes in-4°. Les armes de cette famille sont : *d'azur, à trois glands d'or.*

(1) Cette maison, dont le nom se trouve aussi écrit CHERPIN (en latin *Charpini* ou *Cherpini*), est originaire de la province de Forez, et s'est répandue dès les temps les plus anciens dans le Lyonnais et dans l'Auvergne. Guichard Charpin suivit le roi Philippe-Auguste à la troisième croisade. Barthélemy Charpin, vivant en 1370, eut un fils qui rendit foi et hommage à Charles de Bourbon, comte de Forez, le 6 juillet 1441, pour les fiefs qu'il possédait dans ce comté; il eut un frère, nommé Pierre, pénitencier et secrétaire du pape Jean XXIII et chamarier de Saint-Paul de Lyon en 1418, et fut père de

future assistée de nobles Jean et Pierre de Lingendes, ses frères, avocats en la sénéchaussée et siége présidial de Bourbonnais; de Michel de Lingendes, aussi son frère; de André du Buisson, avocat, et de Gabriel Bardon; furent présents noble Antoine Verne, receveur des aides, tailles et taillons de Bourbonnais; Jean de Lorme et Henri du Rousseau, avocat en la sénéchaussée. Jacques de Cadier, agissant comme héritier de dame Perronnelle Bertrand, son aïeule, fit une transaction, par acte passé le 8 avril[1] 1586 devant Jean Bernachier, notaire à Moulins, avec honorable et sage maître Henri du Rousseau, agissant au nom de Pierre Perrin, son beau-frère, procureur en la sénéchaussée de Bourbonnais, et avec dame Marguerite Bourtil, pour une garantie stipulée sur la vente d'une maison par Jacques de Cadier, son père; transigea, le 4 janvier[2] 1600, avec demoiselle Marie et Marguerite Perrier, ses nièces, filles de feu Jean Perrier de la Jarrie et de Perronnelle de Cadier, sur un compte de tutelle qu'il devait leur rendre; fit, le 21 mars[3] 1607, avec les chanoines de Notre-Dame de Moulins, un traité portant réduction de plusieurs messes et processions fondées par ses ancêtres[4]; il vendit, conjointement avec demoiselle Madeleine de Lingendes, sa femme, la terre et seigneurie de Baize, située dans les paroisses de Lucenay et de Saint-Genest, à Antoine des Gentils, écuyer, seigneur d'Aglan, des Escots, de Lucenay et des Haies, par acte passé devant Jean

Jean Charpin, marié à Isabeau de *Meys*, et de Pierre, IIe du nom, chamarier de Saint-Paul de Lyon après son oncle, en 1448, chanoine de Saint-Just et chevalier de Saint-Jean de Lyon, doyen du chapitre de Vienne. Ce fut ce Pierre II qui fit construire à ses frais la tour de l'église de Saint-Paul. Cette famille, qui subsiste encore de nos jours, s'est divisée en plusieurs branches, parmi lesquelles figurent celles des seigneurs de Montellier, marquis de la Rivière, des comtes de Genetines, des seigneurs du Graillon et de Velsan; elle porte pour armes : *d'argent, à la croix ancrée de gueules, au franc quartier d'azur, chargé d'une molette d'or.*

(1) Produit pour les preuves de noblesse faites en 1710.

(2) Extrait de cet acte rapporté dans la généalogie dressée par M. Rollet d'Avaux. — Aux preuves, p. 63.

(3) Original aux archives de M. de Cadier, baron de Veauce. — Même généalogie

(4) Notamment Jean de Cadier, doyen de l'église de Moulins en 1455 et 1458 ; Guillaume de Cadier, IIIe du nom, et Marguerite Cordier, sa femme en 1469, etc.; et enfin Jacques de Cadier, Ier du nom, qui confirma ces dispositions le 23 octobre 1506.

Revangier, notaire royal à Moulins, le 19 mars [1] 1616; le 31 du même [2] mois, noble Jacques Chenebrard, curé de Saint-Bonnet, official de Moulins, lui donna une attestation par laquelle il reconnaît n'avoir aucun droit de propriété sur la chapelle Babute, dont Jacques de Cadier lui avait permis de se servir pour les besoins spirituels des habitants; il fit une vente, le 15 décembre [3] 1616, à Jean Cordier, de tous les droits qu'il avait à la chapelle de Saint-Michel en l'église Notre-Dame de Moulins.

De l'alliance de Jacques de Cadier et de Madeleine de Lingendes sont provenus :

1° Antoine de Cadier qui continue la postérité ;

2° André de Cadier qui entra dans la compagnie de Jésus ;

3° Claude de Cadier qui n'était pas mariée en 1611.

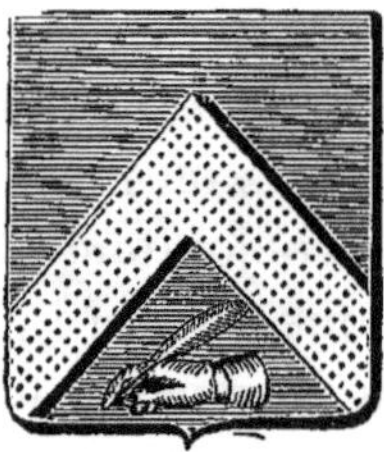

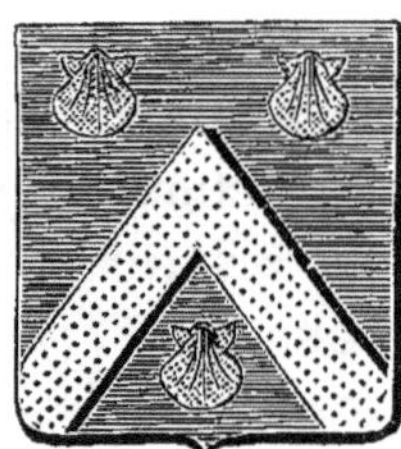

X. ANTOINE DE CADIER, chevalier, seigneur de la Brosse-Cadier et du Peschin, conseiller et élu du roi à Moulins, fit foi et hommage à Sa Majesté, en la chambre du domaine de Bourbonnais, le 1er mars [4] 1628, pour quelques cens qu'il avait acquis, entre les mains de Jean Béchonnet, écuyer, conseiller du roi et lieutenant-général du domaine, et fut déchargé, en qualité d'avocat du roi en la généralité de Moulins, le 26 juillet [5] 1635, de servir au ban et arrière-ban de Bourbonnais. Il avait épousé en premières noces, par contrat passé le 16 avril [6] 1611, devant Claude du Teil, notaire à Moulins, demoiselle Antoinette de FEYDEAU, fille de feu noble homme Gilbert de Feydeau [7], écuyer,

(1) Produit pour les preuves de noblesse faites en 1710 par Gilbert de Cadier, devant le juge d'armes.

(2) Original aux archives de M. de Cadier, baron de Veauce. — Généalogie dressée par M. Rollet d'Avaux.

(3) *Ibidem.* (4) *Ibidem.* (5) *Ibidem.*

(6) *Ibidem*, produit pour les preuves de noblesse en 1710.

(7) Feydeau, maison d'ancienne noblesse, distinguée dans l'épée et dans la robe, qui

seigneur de Rochefort, conseiller du roi et châtelain de Moulins, et de dame Suzanne de **Feydeau**; le futur assisté de nobles Jean de Champfeu, seigneur des Garennes, conseiller du roi et président en la généralité de Moulins; François Cousin, conseiller du roi en la sénéchaussée et siége présidial de Bourbonnais; Jean Brinon, conseiller au même siége; Jean et François du Buisson, avocats au même siége, et Antoine Auberi, chanoine de l'église collégiale de Moulins; la future assistée de dame Catherine de la Croix, son aïeule maternelle, veuve de noble Jean Feydeau, écuyer, seigneur de Cluzors, conseiller du roi et lieutenant particulier en la sénéchaussée et siége présidial de Bourbonnais; de noble Jean Feydeau, son curateur, seigneur de Cluzors, châtelain et juge ordinaire de la ville de Moulins; de noble Jean Feydeau, son frère consanguin, avocat à Moulins; de Pierre Feydeau, seigneur de Vêvres, conseiller du roi et président en l'élection de Moulins; de Jacques Feydeau, seigneur de Chevraie, conseiller du roi et assesseur criminel au même siége, et de Guillaume Feydeau, seigneur de Lespaus et de Demoux. Antoi-

a fourni un chancelier de France, aurait donné ou pris son nom du château de Feydel (que l'on nomme *Feydelo* dans la Basse-Marche), situé a quatre lieues de Felletins, qui fut brûlé et ravagé lors de l'incursion des Anglais en France, avec tous les anciens titres de cette maison; ce qui fait qu'on ne trouve sa filiation suivie que depuis Hugues Feydeau, damoiseau, seigneur et baron de Feydel, vivant dans le treizième siècle, et duquel sont sorties plusieurs branches, savoir : 1° les seigneurs de Pruneley, de la Villeneuve, de Brou; cette dernière terre, avec plusieurs autres, érigée en marquisat par lettres de juillet 1761; 2° les seigneurs de Calendes, éteints dans les mâles en 1715; 3° les seigneurs du Plessis, éteints en 1762; 4° les seigneurs d'Erouville, éteints en 1694; 5° les seigneurs de Vaugien, de Courcelles, etc; 6° les seigneurs de Maroille, comtes de Gien, marquis de Dampierre, éteints dans le siècle dernier; 7° les seigneurs de Rochefort, en Bourbonnais, qui ont pour tige Antoine Feydeau, chevalier, seigneur de Rochefort, fils de Thomas, seigneur de Feydel, et d'Aimée Bardon du Méage, qui vint s'établir à Moulins, dont il fut fait châtelain. Il fut père d'André Feydeau, chevalier, seigneur de Rochefort, châtelain de Moulins, qui, d'Anne de Silhot, sa première femme, eut plusieurs enfants, entre autres Gilbert Feydeau, chevalier, seigneur de Rochefort et autres lieux, père, par sa seconde femme, Suzanne de Feydeau, sa cousine, de Jeanne-Antoinette Feydeau, mariée à Antoine de Cadier, de Catherine Feydeau, alliée à Michel de la Plain, écuyer, et de Marie de Feydeau, alliée à Thimoléon de Daillon, comte de Lude, marquis d'Illiers, baron de Veauce. Il y a encore plusieurs branches établies dans la Basse-Marche et ailleurs.

Les armes sont : *d'azur, au chevron d'or accompagné de trois coquilles du même.*

nette de Feydeau avait pour sœur Marie de Feydeau, mariée, le 16 avril 1622, avec Thimoléon de Daillon, comte de Lude, marquis d'Illiers, baron de Veauce, qui, fondé de procuration de sa mère (Françoise de Schomberg, comtesse douairière du Lude, dame de Veauce, qui avait démembré une partie de la terre de Veauce), vendit cette seigneurie à Claude le Loup, seigneur de Bellenave, pour la somme de cinquante mille livres tournois, par acte passé le 7 avril 1641 devant Drouyn et Nicolas Motelet, notaires à Paris, au domicile de M. de Lingendes, demeurant à Saint-Germain-des-Prés, près l'hôtel de Luxembourg. Un partage ayant eu lieu du vivant de M. de Lingendes entre ses héritiers, au nombre desquels se trouvaient Claude le Loup de Bellenave, assisté de Marie de Guénégaud, son épouse, Antoine de Cadier, seigneur de la Brosse-Cadier, fils de Jacques de Cadier et de Madeleine de Lingendes, Nicolas du Buisson, conseiller du roi, trésorier de France, fils d'André du Buisson et de Louise de Lingendes, il fut fait une transaction, dit l'acte, par laquelle Nicolas du Buisson se mit au lieu et place de Claude le Loup de Bellenave, et paya immédiatement à Thimoléon de Daillon la somme de vingt-cinq mille livres tournois, dont l'acte porte quittance[1]. Antoine de Cadier épousa en secondes noces, par contrat accordé le 26 décembre[2] 1631 devant Jean Chevrier, notaire à Nevers, demoiselle MARIE PION[3], veuve de noble Gilbert Barbe, seigneur du Pontet, conseiller du roi et contrôleur général des domaines en la généralité de Moulins, et fille de noble Antoine Pion, écuyer, seigneur du Bourg, conseiller du roi et maître des requêtes de Navarre, laquelle était assistée de noble François du Feuilloux, son beau-frère, avocat à Nevers, et de noble Jean Pion, son frère, conseiller du roi; furent présents : noble Pierre Brisson, noble Claude Gascoing, seigneur de la Belouze, conseiller du roi et élu à Nevers; noble Érard Bardin, seigneur de Champagnet, procureur au domaine, et noble Michel

(1) Acte original aux archives de M. le baron de Veauce.

(2) Original aux archives de M. le baron de Veauce, produit pour les preuves faites en 1710 devant le juge d'armes.

(3) Les armes de PION sont : *d'azur, au chevron d'or accompagné en pointe d'une main d'argent tenant une plume du même.*

Bardin, conseiller et maître des comptes du duc de Nevers. Antoine de Cadier décéda en 1640; Marie Pion, sa veuve, fut déchargée de la taxe à laquelle elle avait été imposée pour les subsistances des gens de guerre par les maires et échevins de la ville de Moulins, par sentence des présidents trésoriers de France en la généralité de Moulins, des 16 avril 1641, 19 décembre 1642, 6 mars 1643 et 9 mai 1650[1].

Les enfants d'Antoine de Cadier furent :

Du premier lit :

1° JACQUES DE CADIER, IIIe du nom, qui continue la filiation;

2° ANTOINE DE CADIER, écuyer, seigneur de Peschin, lieutenant au régiment de Conti, tué au service du roi devant Neuport, en 1649, ce qui est attesté par un certificat de M. de la Loire-Salis, capitaine de ce régiment, en date du 20 janvier[2] 1650 ;

3 PIERRE DE CADIER, écuyer, seigneur de la Grange, qui déclara, le 26 juillet[3] 1635, qu'il était prêt à aller au service du roi quoique jeune. Il servit dans le ban et l'arrière-ban du Bourbonnais, et devint enseigne de la compagnie de M. de Gensat, son beau-frère, dans le régiment de Commières, et fut tué au service du roi, ainsi qu'il est constaté par un certificat de M. Desantouin, baron de Bressol, en date du 20 janvier[4] 1636 ;

4° ANNE DE CADIER;

5° CATHERINE DE CADIER, mariée 1° à N. D'AUBIGNY[5], seigneur de Gensat; 2° à Gabriel DE MONESTAY[6], chevalier, seigneur et baron des Forges, dont elle fut la seconde femme, frère aîné de François de Monestay, marquis de Chazeron, baron de

(1) Originaux aux archives de M. le baron de Veauce, rapportés par extraits dans la généalogie dressée par M. Rollet d'Avaux.

(2) *Ibidem.* (3) *Ibidem.* (4) *Ibidem.*

(5) Les armes d'AUBIGNY sont : *d'or, à la bande de gueules, chargée de trois lionceaux d'argent.*

(6) MONESTAY, maison d'origine chevaleresque des plus anciennes du Bourbonnais, substituée aux noms, armes et titres des marquis de Chazeron par le mariage de Gilbert

Chars, lieutenant des gardes du corps du roi, lieutenant-général en ses armées et de la province du Roussillon, gouverneur de Brest, chevalier

de Monestay avec Claudine de Chazeron, qui, dans le partage que fit à ses quatre filles Gilbert de Chazeron, son père, eut pour sa part le marquisat de Chazeron et la terre de Chars.

L'École de Mars cite une action valeureuse d'un Monestay-Chazeron qui, commandant la cavalerie à l'armée du maréchal de Noailles, lors du passage du Ter, contribua beaucoup à la victoire remportée par ce maréchal. Il était septuagénaire et goutteux ; voyant le moment favorable pour charger l'ennemi posté de l'autre côté de la rivière, il se fit attacher sur la selle de son cheval et la passa à la nage à la tête de sa cavalerie ; il chargea vigoureusement la partie de l'armée qui lui était opposée et la mit en déroute.

La maison de Monestay a fourni plusieurs officiers généraux et onze officiers supérieurs des gardes du corps. C'est seulement à Pierre Monestay, vivant vers 1400, que remonte sa filiation. Henri de Monestay, son fils, fut maître d'hôtel de Charles VIII. gouverneur de Brest et capitaine des francs-archers de Bourbonnais, Forez, Lyonnais et Beaujolais; il épousa le 3 avril 1467 Jeanne de la Faye, qui lui apporta en dot la baronnie de Forges, et en eut : Eustache de Monestay, seigneur de Forges, capitaine des francs-archers, que le roi François Ier institua, le 15 juillet 1515, gouverneur des château de Gennes et citadelle de Saint-Francois ; de son premier mariage avec Gabrielle de Saint-Haon, il eut un fils, Gilbert de Monestay, échanson de François Ier, gouverneur de Verneuil et mestre-de-camp d'un régiment de mille hommes de pied, mort sans avoir eu d'enfants de Marie de Fresnay, sa femme; de son second mariage avec Marguerite d'Arson, Eustache eut deux fils, l'un Octavien, qui n'eut qu'une fille, l'autre Jean de Monestay, seigneur de Forges, chevalier de l'ordre du roi, gentilhomme de sa chambre, gouverneur de Montluçon, marié à Louise de Rochefort de Salvert, qui le rendit père de Gilbert et de Gaspard, tige des seigneurs de Graveron, éteints au troisième degré, et de deux filles. Gilbert de Monestay, baron de Forges, épousa Claude de Chazeron, fille de Gilbert de Chazeron, seigneur de Château-Guyon et de la Roche-d'Agoux, de Montfaucon et de Murat, chevalier des ordres du roi, maréchal de ses camps et armées, capitaine de cinquante hommes d'armes, et de dame Gabrielle de Saint-Nectaire. De cette alliance sont sorties deux branches, celle des barons de Forges et celle des marquis de Chazeron. Gabriel de Monestay, baron de Forges, épousa : 1° Marguerite Dufos; 2° Catherine de Cadier, comme il est dit ci-dessus ; du premier lit il eut deux fils et une fille : Claude-Julien-Maximilien, qui fut bénédictin ; Marie-Gasparde, mariée : 1° le 28 juin 1666, à Philibert de la Roche-Aymon, dernier rejeton mâle de la branche des seigneurs de Chier et de Moulin-Porcher, issus de la branche aînée de cette illustre maison, duquel elle n'eut que deux filles; 2° à Charles de la Rivière, seigneur de Riffardeau; et Claude-Julien de Monestay, baron de Forges, qui épousa en 1663 Gilberte de Cadier, de laquelle il eut deux filles et trois fils, dont l'un fut messire François de Monestay, chevalier, baron de Forges, seigneur de Commentry et de Malicorne, major au régiment de la Suze-Dragons, chevalier de Saint-Louis, marié à dame Élisabeth de Fontanges, qui lui donna une fille, Anne-Charlotte de Monestay, mariée au comte du Buysson, et un fils, Hugues, qui fut père de François-Amable, comte de Monestay-Chazeron, baron de Forges, substitué au marquisat de Chazeron par Charles-François de Monestay, marquis de Chazeron, son cousin, et qui n'a eu qu'un

des ordres du roi, mort à Agen, en décembre 1697. Ils étaient fils de Gilbert de Monestay, baron de Forges, et de Claude de Chazeron; Catherine de Cadier était morte le 16 mai 1691, sans avoir eu d'enfants de ses deux alliances, et ses biens furent partagés entre Michel et Gilberte de Cadier, ses neveu et nièce ;

6° SUZANNE DE CADIER, prieure de Saint-Pierre d'Izeure-lez-Moulins, comparaît avec cette qualité dans des actes des 26 janvier 1656 et 26 juin 1686 ;

Du second lit :

7° MICHEL DE CADIER, écuyer, seigneur de Peschin, capitaine dans le régiment de Normandie et ingénieur des armées du roi, qui partagea les biens d'Antoine de Cadier, son père, par acte du 25 octobre [1] 1655, qu'il ratifia avec Jacques de Cadier, son frère consanguin, le 11 juillet 1662. Il mourut en Flandre et semble n'avoir point laissé de postérité.

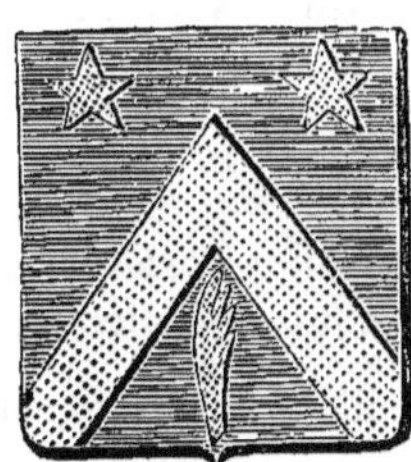

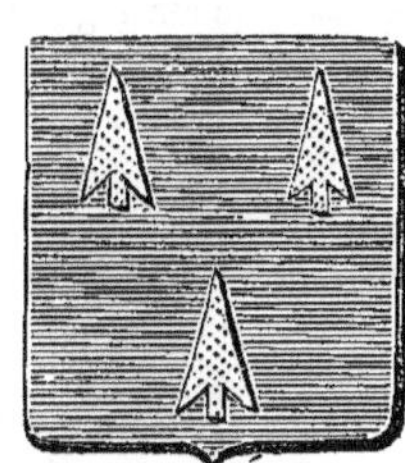

XII. JACQUES DE CADIER, IIIe du nom, chevalier seigneur de la Brosse-Cadier et du Peschin, conseiller du roi et son avocat au bureau des finances de la généralité de Moulins, né

fils, mort jeune, et une fille, Pauline Henriette, mariée au duc de Céreste-Brancas. On trouvera dans le cours de cette généalogie des détails plus étendus sur cette branche.

La branche des marquis de Chazeron a pour tige François de Monestay, baron de Chars, lieutenant des gardes du corps du roi, lieutenant-général de ses armées et de la province de Roussillon, gouverneur de Brest, chevalier des ordres, deuxième fils de Gilbert de Monestay et de Claude de Chazeron. Il épousa, par contrat du 16 décembre 1646, Anne de Murat, fille de Jacques de Murat, baron de Roulat, seigneur de la Fond, et de Marguerite de Neuvreze, et mourut à Agen au mois de décembre 1697, laissant un fils et quatre filles. François-Amable de Monestay, son fils, marquis de Chazeron, lieutenant des gardes du corps et lieutenant-général des armées du roi, mort le 28 décembre 1719, avait épousé en mai 1693 Marie-Marguerite de Barentin, fille d'Honoré de Barentin, seigneur d'Hardivilliers, président au grand conseil, de laquelle il eut Charles-François de Monestay, marquis de Chazeron, né le 12 novembre 1697, qui, après avoir passé successivement dans différents grades et commandé la maison du roi dans la guerre de 1742, fut créé lieutenant-général en 1744, et gouverneur de Brest et de Verdun. N'ayant pas eu d'enfants de son mariage contracté le 11 avril 1739 avec Charlotte-Marie de Houdetot, il substitua le marquisat de Chazeron et d'autres terres au fils de son cousin le comte de Monestay, baron de Forges. Les armes de cette famille sont : *d'argent, à la bande de sable chargée de deux étoiles d'or.*

(1) Produit pour les preuves faites en 1710.

l'an 1621 [1], épousa : 1° par contrat accordé le 12 septembre [2] 1642, devant Berthomier, notaire à Moulins, demoiselle CATHERINE FAVEROT DE NEUFVILLE [3], fille de Léonard Faverot, écuyer, seigneur de Cadeaux et de Neufville, conseiller du roi au siége présidial, et de feu dame Perrette de VEAUCE [4]; le futur assisté

(1) Prouvé par la maintenue de noblesse du 25 octobre 1666, où il est dit âgé de 45 ans.

(2) Original aux archives de M. le baron de Veauce, produit pour les preuves de 1710.

(3) La famille de FAVEROT est originaire du Bourbonnais. Sa filiation est littéralement établie depuis François *Faverot*, seigneur de Neufville, qui fut père de :

Hugues *Faverot*, écuyer, seigneur de Neufville, conseiller du roi au présidial de Moulins, en 1581, qui épousa, le 10 octobre 1585, *Jeanne Guillouet d'Orvilliers*, de laquelle il eut un fils, qui suit :

Léonard *Faverot*, écuyer, seigneur de Neufville et des Cadeaux, conseiller au présidial de Moulins, fut accordé, par contrat de mariage du 27 avril 1614, avec Pierrette de *Veauce*. De cette alliance sont provenus :

1° Gabriel *Faverot*, qui suit ;

2° Jacques *Faverot de Neufville*, écuyer, avocat au parlement ;

3° Catherine *Faverot de Neufville*, mariée, comme il est dit ci-dessus, avec Jacques de *Cadier*, IIIe du nom, écuyer, seigneur de la Brosse-Cadier, etc.

Gabriel *Faverot*, écuyer, seigneur de Neufville, conseiller au présidial de Moulins, fut confirmé dans sa noblesse par arrêt du mois de mai 1698. Il avait épousé, le 17 octobre 1644, Marie de *Rochefort*, dont il eut :

1° Jacques *Faverot*, écuyer, seigneur de Neufville et de Saint-Aubin, capitaine dans le régiment d'Auvergne, puis lieutenant des maréchaux de France en la sénéchaussée de Bourbonnais, qui fit, en 1700, enregistrer ses armes à l'armorial général de France (*Généralité de Moulins*, page 252), ainsi que celles de *Anne-Catherine Parfait*, sa femme, qui sont : *d'argent, à trois flammes de gueules posées entre deux bandes d'azur ; au chef du même, chargé d'une fleur de lis d'or*. On ignore s'ils ont eu postérité ;

2° Claude *Faverot de Neufville*, capitaine dans le régiment d'Auvergne.

3° Gabriel *Faverot*, dit le *chevalier de Neufville*, tué au siége de Luxembourg.

4° Henriette *Faverot de Neufville*, qui était veuve de Claude *Guérin*, écuyer, seigneur de Chermont, conseiller du roi, président trésorier de France, lorsqu'elle fit, en 1700, registrer ses armes à l'armorial général de France (*Généralité de Moulins*, page 21).

Les armes de FAVEROT sont : *d'azur, au chevron d'or, accompagné en chef de deux étoiles du même, et en pointe d'une palme d'or*.

(4) VEAUCE. Cette famille, qui paraît s'être éteinte dans la personne de Perrette de Veauce, est une des plus anciennes et des plus illustres du Bourbonnais. Le premier seigneur connu de cette maison est Arnaud de Veauce, qui mourut en l'an 1096. Ce seigneur étant tombé dangereusement malade en revenant d'un pèlerinage qu'il avait

de Jean Couzin, son curateur, écuyer, seigneur de la Jarrie, conseiller du roi en la sénéchaussée et siége présidial de Moulins; la future assistée de Jacques Faverot, son frère, écuyer, avocat en parlement; furent présents : Guillaume Feydeau, écuyer, seigneur de Cluzors; Jean-Baptiste Brinon, écuyer, seigneur des Prots; Jean et André du Buisson, écuyers, seigneurs de Beauregard, trésoriers de France; Pierre Bourderel, écuyer, seigneur d'Orvallet; Jacques Hardi, avocat en parlement, et François Guillaud, greffier en la juridiction du domaine de Bourbonnais; 2° par contrat passé le 21 novembre[1] 1660 devant Claude Vigier, notaire à Moulins, demoiselle MARIE GUILLOUET D'ORVILLIERS, veuve d'Antoine Frottier, écuyer, conseiller et trésorier général de France en la généralité d'Auvergne, assistée de Jean-Nicolas de Lapelin, son beau-frère, procureur général du duché de Bour-

fait à Saint-Jacques de Compostelle, en Espagne, fit don, pour le repos de son âme, à *Monsieur Saint-Léger,* évêque d'Autun, et aux moines de l'abbaye de Saint-Léger d'Ébreuil, d'une forêt dépendant de la seigneurie d'Ébreuil. Pierre de Veauce, chevalier de l'Écu-d'Or, un de ses descendants, surnommé *le Borgne,* fut un des plus illustres chevaliers de la cour de Louis II, duc de Bourbon, si renommée pour son honneur et sa courtoisie. Il combattit en 1382 à la bataille de Rosbeck, se trouva au siége de Bourbourg, à la prise de Taillebourg et au siége de Verteuil en 1384. Il avait épousé Marie de *Varigny,* dont il eut plusieurs enfants. Armes : *de gueules, semé de fleurs de lis d'argent.*

(1) Original aux archives de M. le baron de Veauce, produit pour les preuves de 1710.

(2) GUILLOUET, ancienne famille du Bourbonnais, dont un des membres a laissé un nom glorieux dans les annales maritimes du dix-septième siècle, celui de l'amiral d'Orvilliers (Louis Guillouet). Cet officier naquit à Moulins en 1708. Son père était gouverneur de Cayenne. Après avoir passé par tous les grades et pris part à un grand nombre d'expéditions, il fut nommé lieutenant-général en 1777, et commandait en 1778 la flotte française au combat d'Ouessant, cambat qui eût été pour la marine française une de ses plus glorieuses journées, si les ordres de d'Orvilliers avaient été ponctuellement exécutés, et si le succès préparé par l'habileté de l'amiral n'eût pas été compromis par l'impéritie d'un prince du sang qui commandait une division. La vieille réputation de l'officier dut être sacrifiée à la vanité du prince. D'Orvilliers, abreuvé de dégoûts et de tracasseries par les courtisans et plus que septuagénaire, se retira du service et s'enferma dans le séminaire de Saint-Magloire. Rien ne l'attachait plus au monde. Il était veuf et avait perdu un fils unique qui faisait toute son espérance et qui promettait de parcourir avec non moins de distinction que lui la même carrière. « La révolution, dit « un biographe, vint arracher d'Orvilliers à son asile de paix, et le ramena à Moulins, « où il mourut vers la fin du siècle dernier chez son neveu, M. d'Hugon de Givry. » Les armes de cette famille sont : *d'azur, à trois fers de pique d'or.*

bonnais. Jacques de Cadier fut déchargé, comme gentilhomme, de la taxe des subsistances à laquelle il avait été injustement imposé, par arrêt du conseil d'État du 10 janvier[1] 1641. Dans le mois de mai[2] de la même année, il présenta, pour le même sujet, conjointement avec Antoine de Cadier, son frère, une requête aux commissaires départis pour le fait des subsistances des gens de guerre en la généralité de Moulins. Il fit le partage des biens d'Antoine de Cadier, son père, dans lequel il prend pour ses préciputs la seigneurie de la Brosse-Cadier, par acte passé sous seings privés, le 25 octobre[3] 1655, et ratifié le 11 juin 1662, avec dame Marie Pion, sa belle-mère, et Michel de Cadier, son frère consanguin, qui lui vendit la part qui lui était échue dans ce partage, par acte du 4 mai[4] 1656. Jacques de Cadier consentit, par acte du 18 août[5] 1660, tant en son nom qu'en celui d'Antoine Feydeau, écuyer, une obligation de payer une somme de trois cents livres à Jean-François de Champfeu, écuyer, seigneur de Saint-Martin; fut maintenu dans sa noblesse d'ancienne extraction qu'il justifia par titres authentiques, par jugement du 25 octobre[6] 1666, de M. Lambert d'Herbigny, maître des requêtes, intendant des généralités de Moulins et de Bourges; il avait fait, le 27 mars[7] de la même année 1666, son testament olographe, par lequel il élit sa sépulture au tombeau de ses ancêtres en l'église de Moulins, devant l'autel Notre-Dame de Mibonnet, et ordonne qu'une relique de la vraie croix, *ancien gage de sa famille*, ainsi que les titres de noblesse de sa maison, demeurent à l'aîné de la famille. Ce testament fut déposé, le 11 février 1670, au greffe du sénéchal de Bourbonnais, et Jacques de Cadier mourut la même année. Marie Guillouet d'Orvilliers est qualifiée sa veuve et tutrice de Michel de Cadier, leur fils, dans

(1) Extrait des registres du conseil d'État rapporté dans la généalogie dressée par M. Rollet d'Avaux, p. 73.

(2) Extrait rapporté dans la généalogie dressée par M. Rollet d'Avaux.

(3) *Ibidem*. (4) *Ibidem*. (5) *Ibidem*.

(6) Original aux archives de M. de Cadier, baron de Veauce, produit pour les preuves de 1710.

(7) Original rapporté par extrait dans la généalogie dressée par M. Rollet d'Avaux.

l'acte de foi et hommage qu'elle fit au roi en la chambre du domaine de Bourbonnais, le 22 mars[1] 1675, pour le fief du Peschin; elle donna, en la même qualité, le 6 avril[2] 1680, une procuration au lieutenant Charrier, pour nommer à une prébende vacante dans l'église Sainte-Croix de Lyon, conjointement avec dame Gabrielle du Lieu, femme de messire Joseph-Alexandre de Nagu, marquis de Varennes ; elle remboursa, le 26 juin[3] 1686, une rente qui avait été constituée par Jacques de Cadier, son mari, le 26 janvier 1656, au prieuré de Saint-Pierre d'Izeure dont dame Suzanne de Cadier, sa sœur, était prieure. Marie Guillouet d'Orvilliers vivait encore en 1698, époque à laquelle elle présenta ses armoiries, *d'azur, à trois fers de pique d'or*, au bureau des commissaires généraux du conseil, départis sur le fait des armoiries, pour être peintes et blasonnées à l'armorial général de France[4], et dont le brevet lui fut délivré.

Les enfants de Jacques de Cadier furent :

Du premier lit :

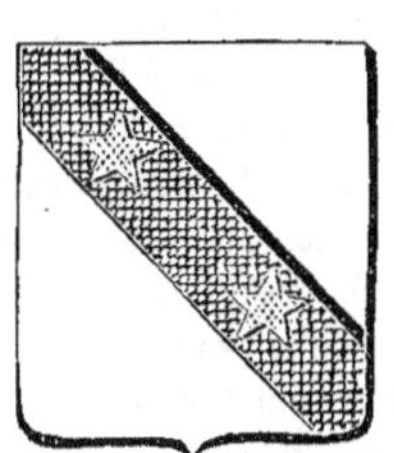

1° MARIE-GILBERTE DE CADIER, mariée en 1663 avec Claude-Julien de MONESTAY-CHAZERON[5], chevalier, seigneur et baron de Forges, exempt des gardes du corps du roi, fils de Gabriel de Monestay, seigneur et baron de Forges, et de dame Marguerite *Du Fos*[6], sa première femme, laquelle était fille de Julien Du Fos, seigneur de Méry, etc. et de Marie *Longuet*. Claude-Julien de Monestay mourut le 24 février 1679, laissant de son alliance avec Marie-Gilberte de Cadier :

a. CHARLES-MAXIMILIEN DE MONESTAY-CHAZERON ;
b. FRANÇOIS DE MONESTAY, mentionné ci-après ;
c. d. Deux filles, ANNE et CATHERINE DE MONESTAY ;

(1) Original rapporté par extrait dans la généalogie dressée par M. Rollet d'Avaux.
(2) *Ibidem.* (3) *Ibidem.*
(4) *Généralité de Moulins*, page 282.
(5) *Voyez* la notice sur cette famille, page 146 et suiv.
(6) Du Fos, marquis de Méry, porte : *d'or, à trois pals de gueules.*

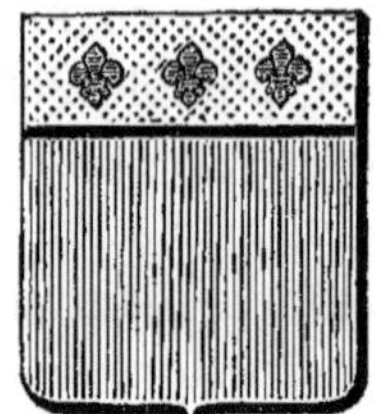

François de Monestay, chevalier, baron de Forges, seigneur de Commentry et de Malicorne, major au régiment de La Suze-Dragons, chevalier de Saint-Louis, est mentionné avec Marie-Gilberte de Cadier, sa mère, dans une quittance jointe à l'acte de partage qu'elle fit, le 16 mai 1691, avec Michel de Cadier, son frère. Il épousa demoiselle Élisabeth *de Fontages* [1], qui le rendit père de :

A. **Hugues**, comte **de Monestay**, dont il sera parlé ;

B. **Anne-Charlotte de Monestay-Chazeron**, mariée, le 8 mars 1740, avec Pierre, comte *du Buysson* [2], chevalier, seigneur des Hays, Vielfont et Montcelat, capitaine au régiment de Picardie, fils de Antoine du Buysson, chevalier, seigneur des mêmes

(1) Les armes de Fontanges sont : *de gueules, au chef d'or, chargé de trois fleurs de lis d'azur.*

(2) La maison du Buysson, d'extraction chevaleresque et originaire d'Auvergne, a exercé avec distinction des charges de la magistrature, et a donné à l'armée deux officiers généraux, onze colonels ou lieutenants colonels, ou majors, un capitaine de vaisseau, plus de trente capitaines de cavalerie ou d'infanterie, et dix-sept officiers tués sur les champs de bataille. Elle a prouvé sa noblesse remontant au douzième siècle, pour être reçue dans l'ordre de Malte, auquel elle a fourni des dignitaires, dans les pages du roi et dans les chapitres nobles. Le nobiliaire de la province d'Auvergne fait mention de Raymond et de Pierre du Buysson, chevaliers du Temple. Cette maison a produit un grand nombre de branches, qui ont toutes pour auteur commun Guy du Buysson, issu au sixième degré des seigneurs du Buysson, tige de cette maison, éteints vers le milieu du dix-septième siècle, qui fut tué en 1356 à la bataille de Poitiers. Les principales sont : 1° les seigneurs de Mirabel, Vareilles et Beauteville en Rouergue et en Languedoc, éteints en la personne de Pierre du Buysson, lieutenant général des armées du roi en 1762 ; 2° les seigneurs de Montmaur, de Varaignes, la Bastide-Beauvoir, dont la postérité finit au commencement du dix-huitième siècle ; 3° les seigneurs de Villeman, dont Michel du Buysson, capitaine au régiment de Chenelaye, mort en 1729, a été le dernier rejeton ; 4° les seigneurs d'Aussonne de Raygades, qui ont pour représentants actuels Gaston-Aimé du Buysson, marquis d'Aussonne, et son fils Henri, comte d'Aussonne, marié en 1839 à Charlotte du Buysson de Bournazel ; 5° les seigneurs de Mirabel et de Bournazel, dont Claude-Charles-Edme du Buysson, marquis de Bournazel, est aujourd'hui le chef ; 6° les seigneurs de la Cave, de Montgarnaud, Suzeret, Courcelles et Champforts, établis en Bourbonnais en 1496 ; 7° les seigneurs de Montor

lieux, et de Françoise *Le Bègue d'Ambly*[1]. Leur postérité est représentée de nos jours par leurs petits-fils :

I. **Julien-Charles-Antoine, comte du Buysson**, fils de messire Gabriel-Lazare et d'Antoinette-Gabrielle de La Ferté-Mung, né le 31 août 1800, marié, le 31 mai 1824, avec Marie-Anne-Amable-Pauline *de Bonneval*[2], fille de François, comte de Bonneval, et de dame Marie-Catherine-Henriette *de Longueil*, de laquelle il a :

1° **François-Charles du Buysson**, né le 22 avril 1825 ;

2° **Antonin-Joseph-Réné du Buysson**, né le 19 juin 1826;

3° **Marie-Juliette-Euphémie-Gabrielle du Buysson**, née le 14 avril 1830.

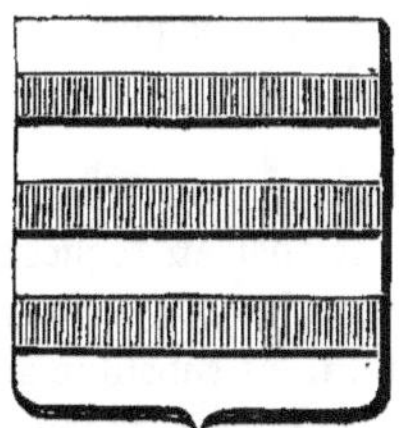

II. **François-Amable-Charles**, vicomte **du Buysson**, fils de Charles-François, vicomte du Buysson, et de dame Eléonore *de Faubert de Cressy*[3], né le 10 juillet 1785, marié, le 7 janvier 1807, avec demoiselle Adèle *du Verdier*[4], fille d'Hubert du Verdier, ancien capitaine de cavalerie, et d'Adèle *de Saint Julien*. De ce mariage sont issus :

et de Fontviolant; 8° les seigneurs de Courcelles et du Mesnil; 9° les seigneurs de la Cave, de Moncelat, Montchoisy et de Douzon, etc., dont le dernier membre, Denis-Michel-Philibert du Buysson, comte de Douzon, mestre de camp des armées du roi, chevalier de Saint-Louis, gouverneur de Moulins, périt en 1794 sur l'échafaud révolutionnaire; 10° les seigneurs de Beauregard, éteints dans le siècle dernier; 11° les seigneurs de Mirebeau, du Lac et du Breuil, qui n'ont formé que trois degrés; 12° les seigneurs et barons de Boucé, de Veauce, de Fognat, du Beirat, etc., éteints en 1781 ; 13° les seigneurs de Montcelat, de Montchoisy, des Hays, de Vielfont, desquels sont issus les seigneurs d'Ambly, dont les membres actuels sont mentionnés ci-dessus.

Les armes de cette famille sont : *écartelé au 1er d'or, à un arbre ou buisson de sinople; aux 2e et 3e d'azur, à une épée d'argent, la garde d'or, posée en pal, accompagnée de trois molettes d'éperon du même, deux en chef et une en pointe au 4e; d'or, à trois arbres arrachés de sinople*. Devises : *Semper virem;* et : *Qui s'y frotte s'y pique.*

(1) Le Bègue, seigneur d'Ambly, porte : *d'or, à une aigle s'essorante de sable, perchée sur une branche de vigne de sinople fruitée de pourpre et tigée de sable ; au chef abaissé d'azur.*

(2) Les armes de Bonneval sont : *d'azur, au lion d'or, armé et lampassé de gueules.*

(3) Les armes de Faubert de Cressy sont : *d'argent, à trois fasces de gueules.*

(4) Du Verdier : *d'azur, à deux lions passans d'argent, armés et lampassés de gueules.* Cimier : *lion issant.* Supports : *2 lions.*

1° *Louis-Amable du Baysson*, né en août 1809, mort au château des Aix, le 10 janvier 1824 ;

2° *Antoine-Victor du Buysson*, né le 4 janvier 1819, mort à Montpellier, le 1er février 1842 ;

3° *Stanislas du Buysson*, né le 21 décembre 1821, au château des Aix ;

4° *Euphémie du Buysson*, née en avril 1808, mariée à Félix *de Rougane*, capitaine du génie, officier de la Légion-d'Honneur, à Clermont ;

5° *Aimée du Buysson*, née le 3 janvier 1813, mariée, en 1834, à Charles, comte *de Dormy*, son cousin, duquel elle a deux enfants, Adèle et Octave ;

6° *Gabrielle du Buysson*, née le 18 décembre 1815, mariée, en 1841, à son cousin Auguste *de Marsilly du Verdier;*

7° *Pauline du Buysson*, née le 13 mai 1817.

HUGUES, comte DE MONESTAY, baron de Forges, capitaine, puis colonel de dragons, chevalier de Saint-Louis, fut père de :

I. FRANCOIS-AMABLE DE MONESTAY, marquis de Chazeron, colonel au régiment d'Austrasie, qui fut présenté à la cour en 1772, avec le titre de vicomte. Il fut substitué au marquisat de Chazeron par Charles-François de Monestay, marquis de Chazeron, son cousin, qui lui donna encore d'autres terres par son testament. De son alliance avec N. *de Baschi* [1], fille d'un lieutenant-général des armées et lieutenant des gardes du corps du roi, il eut un fils, mort jeune au château de Chazeron, et une fille,

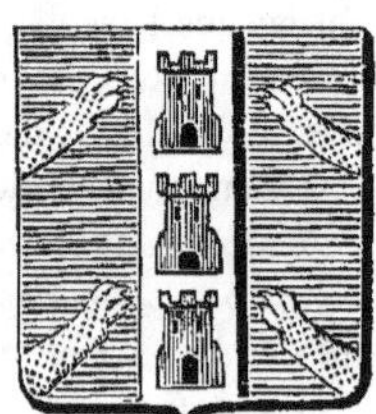

PAULINE-HENRIETTE DE MONESTAY-CHAZERON, mariée, en 1799, à Louis-Albert *de Brancas* [2], duc de Céreste, grand d'Espagne de première classe, fils de Louis II de Brancas, duc de Lauraguais, pair de France, lieutenant général des armées du roi, chevalier de la Toison-d'Or, et de dame Diane-Adélaïde *de Mailly-Nesle*, qui fut, en 1807,

(1) Les armes de BASCHI sont : *d'argent, à la fasce de sable*. Tenants : *deux bacchantes*. Cimier : *une aigle issante d'une couronne fermée et croisetée*. Devise : *Potius mori quam fœdari*.

(2) La maison de BRANCAS, originaire de Naples, où elle figurait parmi les plus illustres

chambellan de l'empereur Napoléon, adjudant-commandant la place de Paris le 8 janvier 1814, chevalier de Saint-Louis, officier de la Légion-d'Honneur le 1er août 1821, gentilhomme honoraire de la chambre du roi le 30 mai 1825, et pair de France le 27 janvier 1830. Le duc de Céreste n'a pas eu d'enfants de son mariage.

II. N. DE MONESTAY-CHAZERON, chevalier de Malte, lieutenant de vaisseau, mort sans postérité d'Éléonore *du Clerroi*, sa femme ;

III. Et deux filles : une mariée à M. *d'Aluzet*, l'autre veuve du baron *de Fontanges*.

Du second lit :

2° MICHEL DE CADIER, IIe du nom, qui suit :

familles dès le milieu du douzième siècle, sous le nom de Brancassio, est issue des comtes d'Agnano, maréchaux de l'Église romaine, dont les ancêtres, à la tête de leurs vassaux, avaient figuré à la croisade de 1187.

Les fables qui entourent l'origine de toutes les anciennes races n'ont pas manqué à celle des seigneurs de Brancas. Plusieurs légendes et chroniques pieuses racontent sérieusement que les saintes candides, si révérées à Naples et martyrisées l'an 73 de notre ère, étaient des rejetons de la maison de Brancassio. Cette tradition a valu aux aînés de la famille le surnom de *premier gentilhomme chrétien.*

Après avoir occupé de grandes charges à la cour de Sicile et dans les États du saint-siége, les seigneurs de Brancas sont venus s'établir en Provence à la fin du quatorzième siècle, par suite de leur attachement à la maison d'Anjou. Ils ont donné sept cardinaux, un évêque de Marseille en 1445, deux écuyers et chambellans des rois René et Louis III d'Anjou, un chancelier du premier de ces princes, des chambellans et gentilshommes de nos rois, des capitaines de cent hommes d'armes, des lieutenants généraux gouverneurs de provinces, un maréchal, un amiral de France, des commandeurs de Malte, des chevaliers de la Toison-d'Or et un grand nombre d'officiers de distinction.

En cas d'extinction de la souche française de la maison de Brancas, la grandesse d'Espagne passera à la ligne italienne dont le chef est aujourd'hui le prince de Brancas Ruffano, maréchal de la cour à Naples.

La maison de Brancas s'est divisée en deux branches principales : 1° celle des seigneurs d'Oise, éteinte durant la révolution française en la personne du duc de Brancas-Céreste, grand d'Espagne depuis 1753; 2° celle des marquis, puis ducs de Villars-Brancas, ducs et pairs par lettres d'érection de 1716, seule branche existante, laquelle est représentée aujourd'hui par Louis-Marie Buffile, duc de Brancas et de Lauraguais, pair de France, marié en 1807 à Caroline-Ghislaine, comtesse de *Rodoan*, de laquelle il n'a que deux filles, et par Louis-Albert de Brancas, duc de Céreste, oncle du précédent, qui a donné lieu à cet article.

Armes : *d'azur, au pal d'argent chargé de trois tours de gueules, et accosté de quatre jambes de lion d'or, affrontées en bandes et en barres, et mouvantes des flancs de l'écu.*

Les seigneurs de Villosc, éteints, portaient *un écu chargé d'une fasce accompagnée de quatre pattes de lion.*

XII. MICHEL DE CADIER, IIe du nom, chevalier, Ier baron DE VEAUCE, seigneur de la Brosse-Cadier, du Peschin de Croissance, de Saint-Augustin, né en février 1665, et baptisé le 23 avril[1] 1670, épousa : 1° demoiselle MARGUERITE VIALET[2], fille de noble Gilbert Vialet, écuyer, seigneur de la Forest, trésorier de France, de laquelle il n'eut pas d'enfants; 2° par contrat passé le 8 janvier[3] 1690, devant Cantat, notaire royal à Moulins, demoiselle MADELEINE GIRAULT DES BORDES[4], fille de feu noble homme Antoine Girault, écuyer, seigneur des Bordes et des Vignolles, et de dame Marie MÉTENIER[5], le futur assisté de dame Marie-Guillouet d'Orvilliers, sa mère, qui, par cet acte, l'institue son héritier par égale portion avec Jean

(1) Extrait des registres de baptêmes de l'église paroissiale de Saint-Bonnet, près Moulins, certifié conforme le 2 juillet 1690 par Dupré, vicaire de cette église. — Aux archives de M. le baron de Veauce.

(2) Les armes de VIALET sont : *d'azur, au sautoir d'or surmonté d'une étoile du même.*

(3) Original produit pour les preuves de 1710.

(4) GIRAULT DES BORDES, ancienne famille du Bourbonnais qui a fourni un maréchal de camp dans la personne d'Etienne-François Girault des Echerolles, chevalier de Saint-Louis. Ses armes sont : *de gueules, au puits d'argent, d'où sortent deux palmes posées en bande et en barre du même; au chef cousu d'azur, à la fleur de lis d'or, chargé d'une barre de gueules.*

(5 MÉTENIER, seigneur de Gouttemor en Bourbonnais, porte : *de sinople, à deux chevrons dargent.*

Frottier, son fils du premier lit, écuyer, seigneur de Parray, conseiller et avocat du roi au bureau des finances de la généralité de Riom, et de Jean-Nicolas de Lapelin, son oncle et son curateur, écuyer, seigneur de Boussac; la future assistée de Gilbert-Girault des Bordes, son oncle, écuyer, seigneur des Escherolles, conseiller du roi en la sénéchaussée de Bourbonnais et siége présidial de Moulins; furent présents André du Buisson, écuyer, seigneur de Beauregard et de Corgenai, président, trésorier de France et général de ses finances, au bureau de la généralité de Moulins, noble Gilbert Alaroze, conseiller et procureur du roi en la chambre du domaine du Bourbonnais, cousin de la future, et noble Jean de Monestay-Chazeron, avocat en parlement. Michel de Cadier partagea, par acte passé le 16 mars 1691 [1] devant Cantat, notaire à Moulins, avec dame Gilberte de Cadier, sa sœur consanguine, veuve de Claude-Julien de Monestay, baron de Forges, les biens provenant de la succession de dame Catherine de Cadier, leur tante. Il se fit remplacer au service du ban de la noblesse de Bourbonnais par Nicolas Sicaud, écuyer, seigneur de la Rave, depuis le 26 mai [2] 1691 jusqu'au 15 novembre suivant; fit aussi faire son service dans le même ban [3] en 1595, et comparut le 6 mai [4] 1695 à la revue de la noblesse du Bourbonnais, lors de la convocation du ban pendant la durée duquel il se fit encore représenter par M. de Brirot de Tilly, écuyer. Michel de Cadier fut déchargé, comme gentilhomme, de la taxe des francs fiefs, qui avait été imposée sur ses seigneuries de la Brosse-Cadier, de Croissance et du Peschin, par ordonnance du 16 mai [5] 1675, rendue par M. d'Aquin, chevalier, seigneur de Château-Renard, intendant de la généralité de Moulins. Il acquit en 1692, par décret de la cour des aides de Paris, la terre et seigneurie de

(1) Expédition originale.

(2) Certificat délivré par M. de Beaucaire-Guiénet, commandant l'arrière-ban de la noblesse du Bourbonnais.

(3) (4) Certificats délivrés par Charles de Levis, chevalier, comte de Charlus, lieutenant général pour le roi en la province du Bourbonnais.

(5) Original.

Ed. ... Duchez sculp.

VUE DU CHATEAU DE VEAUCE.

Saint-Augustin, paroisse de Château-sur-Allier, châtellenie de Bourbon, en rendit foi et hommage au roi en la chambre du domaine de Bourbonnais, le 10 octobre de l'année suivante, et en donna l'aveu et le dénombrement le 28 mars[1] 1696. Le 4 décembre 1700, s'étant rendu adjudicataire, par décret de la sénéchaussée de Bourbonnais, des parties de la terre de Veauce qu'avait eues la famille du Buisson, et que celle-ci avait cédées à la maison de Blich, Michel de Cadier rentra, les 15 et 16 janvier 1701, en possession de la totalité de la terre, seigneurie et baronnie de Veauce[2], mouvant directement en fief de Sa Majesté

(1) Aveux et dénombrements aux Archives du royaume, rég. 475, pièces 115-133.

(2) Veauce, en latin *Velcia*, primitivement une sirie, était dès le onzième siècle le siége d'une juridiction seigneuriale, dont les seigneurs portaient pour armes : *de gueules, semé de fleurs de lis d'argent.*

Du donjon relevaient plusieurs terres inféodées, et les vassaux y venaient acquitter les redevances, recevoir l'investiture et rendre hommage. Des titres latins nous apprennent que Veauce était possédée vers l'an 1200 par noble dame Agnès, dame de Bourbon, fille d'Archambault IX, sire de Bourbon, et femme de Jean de Bourgogne, seigneur de Charolais. On sait qu'Agnès de Bourbon n'eut de son alliance qu'une fille unique, Béatrix, mariée à Robert de France, fils de Saint-Louis, qui fut la tige de la maison royale de France.

La seigneurie de Veauce fut érigée en baronnie en faveur de Robert Dauphin en 1400, par Louis II, duc de Bourbon. En suivant l'ordre chronologique de ses possesseurs, l'on peut se convaincre qu'à peu près depuis cette époque Veauce a presque toujours été plus ou moins soit dans la famille de Cadier de Veauce, soit dans celles de ses alliances.

Une chose remarquable et qui fit changer si souvent les noms de ses seigneurs, c'est que Veauce, en totalité ou en partie, après ses nombreux dénombrements, a toujours été apportée en dot ou en héritage par des femmes.

Veauce a toujours été possédée par les premières maisons du Bourbonnais, et, chose singulière, ces mêmes maisons ont tour à tour possédé les mêmes seigneuries.

Ainsi les Le Borgne de Veauce, les de Blot, les Chauvigny, les de Bressolle, les Saint-Julien, les Chazeron, les d'Arçon (unis aux de Cadier dès leur origine), seigneurs de Chastellus et de Martilly, les de Vienne, les Daillon, les Le Loup de Bellenave, les du Buysson et les de Blich eurent tous des parentés directes ou collatérales avec les de Cadier. Et les terres de Veauce avec les fiefs qui en dépendaient, les terres de Saint-Augustin, de Château-sur-Allier, d'Arçon, de Chastellus, de Martilly, de Plaix, de la Grange, de Croissances, du Ponsut, de Baize, du Plessis, de la Faye, du Trousset, etc., ont toutes été plus ou moins possédées simultanément par les de Cadier et les familles ci-dessus mentionnées.

Dès le quinzième siècle la seigneurie de Veauce avait été déjà démembrée plusieurs

à cause de son duché de Bourbonnais, et dont il rendit foi et hommage au roi Louis XIV, comme baron de Veauce, le 28 mars de la même année, en sa chambre du domaine de Bourbonnais. Il renouvela cet hommage en sa qualité de baron de Veauce, le 9 août 1718, en la même chambre, et déposa l'aveu et le dénombrement de cette baronnie en la chambre des comptes de Paris. En 1705, Edme de Marcelanges, écuyer, refusant de lui rendre foi et hommage pour son fief de Vaudot, Michel de Cadier l'assigna devant la chambre du domaine de Bourbonnais qui, par sentence contradictoire du 3 septembre 1705, déclara que ce fief relevait immédiatement de la baronnie de Veauce. Michel de Cadier reçut, le 18 janvier 1706, l'hommage que lui fit messire Claude de Montclar, écuyer, pour son fief de Beaurepaire, et reçut aussi, le 31 janvier 1714, celui de Jacques Guérignon, de la paroisse de Vicq, pour la dîme et la directe de Chambon, de même que celui que lui rendit, le 12 janvier 1715, dame Marie-Françoise de Guérin, pour son fief de la Verrerie, qui depuis fut incorporé à la baronnie de Veauce.

Le 26 septembre 1715, messire Annet de Praloix, curé de Seisat, se démit de la prébende d'un des six canonicats de Saint-Vénérand, entre les mains du baron de Veauce, qui en

fois. A cette époque elle était divisée en trois parties, et se subdivisa encore par les partages et les successions. Cependant, comme les seigneurs qui l'ont tour à tour possédée ou qui en possédaient des parties diverses étaient alliés entre eux par des liens de famille ou de parenté, des parties distraites de la terre revenaient souvent au principal propriétaire par succession ou transaction. C'est ainsi que les de Vienne en possédaient une partie en même temps que les Saint-Julien et les Daillon, de même que les de Cadier en possédaient plusieurs fiefs par héritage ainsi que les Le Loup de Bellenave, pendant que leur très proche parent, Nicolas du Buysson, en était le seigneur suzerain. Cette dernière famille eut pendant vingt-six ans la seigneurie de Veauce en sa possession, jusqu'à ce qu'elle s'en défît en faveur de la maison de Blich, qui rassembla la plus grande partie des fiefs qui en étaient épars, racheta et échangea avec les Saint-Julien les parties qu'ils en possédaient, telles que La Chassagne et La Ribière, après quoi la baronnie de Veauce passa, à la fin du dix-septième siècle, dans la maison de Cadier de Veauce, qui réunit alors toute cette seigneurie en possession de laquelle elle est encore de nos jours.

Il est à remarquer que dans tous les actes, soit de partages ou d'acquisitions, malgré le démembrement de la terre et ses divisions, c'est toujours le possesseur du château fort qui était reconnu comme « le seigneur et baron de Veauce. »

pourvut messire Jean-Baptiste de Vaucourt, par lettres du 30 octobre suivant, qui sont ainsi conçues :

« Nous, Michel de Cadier, chevalier, seigneur et baron de « Veauce, seigneur de la Brosse-Cadier et de Saint-Augustin. A « tous ceux qui ces présentes verront, salut. Savoir faisons que « sur le bon et louable rapport qui nous a esté fait de la per- « sonne de messire Jean-Baptiste de Veaucourt, minoré acolite « du diocèse de Paris, à présent y demeurant, nous lui avons « octroyé et accordé nos présentes lettres de provision pour « jouir des honneurs, droits et revenus d'une de nos six pré- « bendes fondées en notre église de Saint-Vénérand de Veauce, « icelle vacante par la démission qui en a été faite par messire « Annet de Praloix, prêtre-curé de Saint-Martin de Sésat, dio- « cèse de Bourges, qui en avait été pourvu par nos lettres, à « la charge par ledit de Veaucourt d'acquitter ou faire acquitter « les services accoutumés en ladite église, qui sont une messe « par chacune sepmaine et d'assister aux vêpres à chacun di- « manche.

« En conséquence mandons aux sieurs chanoines dudit Saint- « Vénérand de Veauce, de recevoir ledit sieur de Veaucourt, le « laisser paisiblement jouir de ladite prébende, honneurs, pré- « rogatives et revenus d'icelle, et à nos officiers dudit Veauce « de le mettre en possession, et que foy soit ajoutée aux copies « des présentes comme à l'original.

« En foi de quoi nous avons signé ces présentes contresignées « de notre secrétaire, et fait apposer le scel de nos armes le « trentième octobre mil sept cent quinze.

« *Signé* : DE CADIER.

« Par Monseigneur,

« Signé : BOUTIN. »

Le 6 mars 1717, par suite d'une procédure dirigée devant la chambre du domaine de Bourbonnais, à la requête de messire Michel de Cadier, chevalier, baron de Veauce, contre messire Claude de Sallevert, écuyer, seigneur du Lut, de la Motte-d'Arçon et des Fossés, écuyer ordinaire de la duchesse de

Bourgogne, puis gouverneur des pages de la grande écurie du roi, au sujet de la foi et hommage que ce dernier refusait de rendre au baron de Veauce pour ses terres de Lamotte-d'Arçon et du Lut, il intervint une sentence qui déclara que la Motte-d'Arçon était un fief mouvant de la baronnie de Veauce. Claude de Sallevert avait été déjà condamné, par sentence arbitrale du 6 avril 1714, à faire rendre au baron de Veauce les corvées de justice pour son domaine des Fossés.

Michel de Cadier, chevalier, baron de Veauce, fut maintenu dans son ancienne noblesse d'extraction, avec sa postérité née et à naître, après l'avoir justifiée par titres, et dans tous les privilèges, honneurs, exemptions dont jouissaient les gentilshommes du royaume, par jugement du 14 décembre 1717, rendu par messire Marc-Antoine Turgot, chevalier, conseiller du roi en ses conseils, intendant de la généralité de Moulins et commissaire du conseil pour la vérification des titres de noblesse. Michel de Cadier décéda dans le mois de mars 1725, un an après dame Marie Girault des Bordes, sa seconde femme, de laquelle il eut :

1° GILBERT DE CADIER, qui continue la lignée;
2° ANDRÉ DE CADIER, chevalier, seigneur de la Brosse;
3° SIMON DE CADIER, chevalier, seigneur de Ponsut;
4° GILBERT DE CADIER, chevalier, seigneur de Croissance;

5° MICHEL-TOUSSAINT DE CADIER, écuyer, seigneur du Peschin, de Bouy-le-Chalitre et des Souillats, qui fut accordé par mariage avec demoiselle GABRIELLE DE VERNIN D'AIGREPONT [1], d'une ancienne famille du Bourbonnais, de laquelle il eut :

a. SIMON DE CADIER DE BOUY, né le 11 avril 1767 et baptisé le même jour dans l'église paroissiale de Saint-Pierre de Moulins, qui obtint, le 26 avril 1784, de Chérin père le certificat de noblesse requis pour

(1) Les armes de VERNIN sont : *écartelé aux 1er et 4e d'azur à une croix de Jérusalem cantonnée de quatre croisettes d'or; aux 2e et 3e d'argent à une feuille de chêne et de sinople.*

entrer à l'école militaire. Il était officier d'infanterie lorsqu'il émigra en 1792. Ses biens furent confisqués et vendus révolutionnairement. Rentré en France sous le consulat, il épousa une dame riche et noble à Saint-Amand, où il s'établit. Il y est décédé peu avant 1830, sans avoir eu d'enfants;

b. Catherine de Cadier de Bouy, mentionnée avec Simon de Cadier, son frère, dans une procédure du 28 avril 1783. Elle épousa N. de Bosredon, dont elle eut des enfants qui possèdent encore la terre du Bouy;

c. Et une autre fille mariée à M. du Quesnoy.

6° Françoise de Cadier qui fut alliée à François-Jacques de Dreuille[1], chevalier, seigneur de Bloux, de Moulaix, de Grandchamp, d'une ancienne maison chevaleresque du Bourbonnais, qui a pris son nom d'une terre située dans la paroisse de Cressange, qu'elle a conservée jusqu'à l'époque de la révolution. Cette famille a donné des officiers supérieurs et de divers grades, décorés de l'ordre royal et militaire de Saint-Louis. Quatre de ses membres ont émigré, deux ont payé de leur vie leur dévouement à la cause royale, l'un à l'armée de Condé, et l'autre à l'armée du général Charette. De cette alliance sont issus plusieurs enfants.

7° Madeleine de Cadier, mariée à messire Claude de Balame, chevalier, seigneur des Bodinots et de la Salle;

8° Marie de Cadier, alliée à N. de Chavagnat, chevalier, seigneur de Chovances, qui portait pour armes : *d'argent, au chat ailé de sable;* c'est ainsi qu'elles furent enregistrées dans l'*Armorial d'Auvergne*, page 422, et dans celui *du Bourbonnais*, page 567.

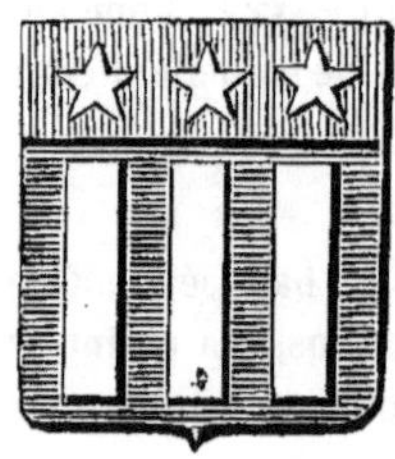

XIII. GILBERT DE CADIER, chevalier, baron DE VEAUCE, seigneur de Saint-Augustin, né le 15 octobre[2] 1690 et baptisé le 16 du même mois, fut reçu page du roi en sa petite écurie, sous la charge de M. le marquis de Beringhen, premier écuyer de Sa Majesté, après avoir fait ses preuves de noblesse par-

(1) Les armes de Dreuille sont : *d'azur, au lion d'or, lampassé, armé et couronné de gueules.* (*Armorial de l'ancien duché de Nivernais*, par George de Soultrait.)

(2) Extrait du registre des baptêmes de la paroisse Saint-Pierre de Moulins, au dio-

devant le juge d'armes de France[1], en mars 1710, et fut admis, le mois suivant, ainsi qu'il est constaté par un certificat du 1er avril, de M. d'Urfay, gouverneur des pages, et encore par un autre certificat de M. de Beringhen du 4 février[2] 1711. Il fut accordé, par contrat de mariage du 31 juillet[3] 1715, passé devant Coutin et Thiolas, notaires royaux à Bourges, avec demoiselle MARIE-ANNE RIGLET DE L'ÉTANG, fille de Claude Riglet[4], écuyer, seigneur de l'Étang, de Malsay, de Moulin-Porcher, de Chalivoy et des Noix, et de dame Jeanne LE BEGUE, sa femme; il fit le partage des biens provenant de la succession de ses père et mère, par acte passé le 27 mai[5] 1724, par-devant Chaume et Guipon, notaires royaux, avec André de Cadier, écuyer, seigneur de la Brosse, Simon de Cadier, écuyer, seigneur de Ponsut, Gilbert de Cadier, seigneur de Croissance, Michel de Cadier, écuyer, seigneur du Peschin, Marie de Cadier, femme du seigneur de Chovance, Françoise de Cadier, femme de François-Jacques de Dreuille, chevalier, et Madeleine

cèse d'Autun, délivré, le 4 octobre 1708, par François-Xavier de la Ménardière, écuyer, vicaire de cette église, légalisé, le 8 février 1710, par Henri Bolaire, écuyer, seigneur du Masvert, lieutenant général de la sénéchaussée de Bourbonnais, au siége présidial de Moulins, et scellé du cachet de ses armes, qui sont : *de sinople, à un lion couronné d'argent.* Produit pour les preuves de page qu'il fit en 1710.

(1) Preuves de noblesse signées d'HOZIER, au cabinet des titres à la Bibliothèque royale.

(2) Original aux archives de M. le baron de Veauce ; généalogie dressée par M. Rollet d'Avaux, aux preuves. (3) *Ibidem.*

(4) Claude Riglet avait épousé, le 6 septembre 1688, Jeanne le Bègue, laquelle était fille de François le Bègue, écuyer, seigneur de Montpensier et de Silly, et de Françoise Tullier. Il était fils d'Étienne Riglet, seigneur de l'Étang et de Malsay, et de Marie le Large.

Cette famille est originaire de Troyes, en Champagne, et ce fut Nicolas Riglet, seigneur de Moris et de Lusson, quatrième aïeul de Claude Riglet, qui vint s'établir à Bourges, où il fut échevin en 1516 et 1517. Il épousa demoiselle Anne Pillas, de laquelle il eut plusieurs enfants, entre autres François Riglet, seigneur de Moris, d'Houet, Lusson et Poupelin, dont la postérité s'est divisée en quatre branches, savoir : les seigneurs de Poupelin et d'Houet; les seigneurs de Lusson ; les seigneurs de l'Étang et de Malsay ; les seigneurs de Montgueux et du Mesnil, qui tous ont toujours contracté des alliances distinguées.

Les armes sont : *d'azur, à trois pals alaisés d'argent; au chef cousu de gueules chargé de trois étoiles d'argent.*

(5) Original aux archives de M. le baron de Veauce; généalogie dressée par M. Rollet d'Avaux, aux preuves.

de Cadier, épouse de Claude de Balame, chevalier, ses frères et sœurs. Gilbert de Cadier ne vivait plus le 4 juillet 1748[1]. Il laissa de son mariage :

1° **François-Claude de Cadier**, qui suit :

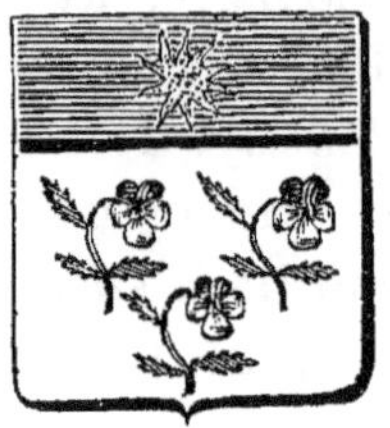

2° **Madeleine de Cadier**, mariée à Réné **de Chabenat** de Bonneuil, chevalier, baron de Nouhan et de Savigny, d'une famille[2] originaire de la châtellenie d'Argentan, où elle possédait un fief dont elle a tiré son nom et qui, dans le seizième siècle, vint s'établir à Bourges, où elle a pris des alliances avec les plus nobles familles. Le premier auteur de cette maison dont il soit fait mention dans l'histoire du Berry est François, seigneur de Chabenat, qui vivait en 1480. De lui descendait au quatrième degré Etienne de Chabenat, IIIe du nom, chevalier, comte de Bonneuil, vicomte de Savigny, baron de Nouhan, seigneur de Préau, conseiller du roi en ses conseils, introducteur des princes étrangers et ambassadeurs près de Sa Majesté, aïeul de Réné de Chabenat, qui, de son mariage contracté, le 6 août 1646, avec Madeleine Petit, fille de François Petit, seigneur de Passy et de Ravannes, et de Madeleine de Louvencourt, eut quatre filles et trois fils d'un desquels est descendu Réné de Chabenat, époux de Madeleine de Cadier ;

3° **Jeanne de Cadier**, mariée à messire Claude **Alamargot**, chevalier, seigneur de Richemont, paroisse de Bizeneuille, dont la famille originaire du Bourbonnais porte pour armes : *d'argent, à une pie au naturel.* C'est ainsi qu'elles furent enregistrées dans l'*Armorial général de Moulins*, page 323, suivant la déclaration faite par Charlotte *Baubinet*, veuve de Gilbert Alamargot de Saint-Victor;

4° **Marie de Cadier**, religieuse au couvent de la Visitation, à Moulins.

(1) Prouvé par le contrat de mariage de François-Claude de Cadier, son fils.

(2) Les armes de Chabenat, en Berry, sont : *d'argent, à trois pensées au nature feuillées de sinople; au chef d'azur, chargé d'un soleil d'or.*

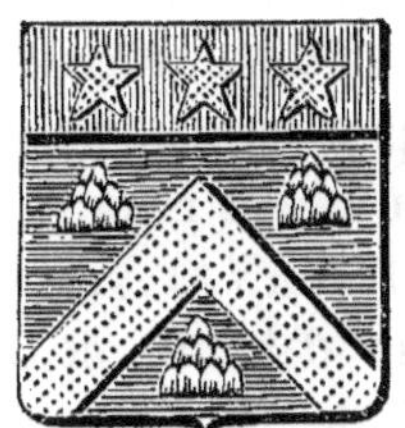

XIV. FRANÇOIS-CLAUDE DE CADIER, chevalier, baron DE VEAUCE, seigneur de Saint-Augustin, né à Moulins le 10 juillet 1723 et baptisé le 20 du même mois, fut reçu page du roi en sa petite écurie sur les preuves de sa noblesse certifiées par le juge d'armes de France le 20 février 1739; il fut ensuite cornette de cavalerie au régiment de Clermont-Prince et un des aides de camp de S. A. R. le comte de Clermont, qui pendant toute sa vie l'honora d'une bienveillance et d'une affection toutes particulières. Il fut nommé par le roi Louis XV, en 1766, maire de la ville de Moulins, qui, à cette occasion, fit frapper une médaille d'argent re-

présentant d'un côté les armes de Cadier, autour desquelles on lit : F. C. CADIER, CHER, BARON DE VEAUCE, MAIRE, 1766, et au revers les armoiries de la ville de Moulins avec cette légende au-dessus : VILLE DE MOULINS. Le baron de Veauce signala son administration par de sages règlements ; ses bienfaits et ses vertus lui méritèrent les témoignages éclatants de la reconnaissance de ses concitoyens. Messire François-Claude de Cadier rendit foi et hommage au roi Louis XV, le 6 juillet 1752, pour son fief, seigneurie et baronnie de Veauce, devant la chambre du domaine, où il accomplit de nouveau ce devoir féodal, le 11 octobre 1776, à l'occasion de l'avénement du roi Louis XVI à la couronne, et présenta l'aveu et le dénombrement de cette baronnie et de tout ce qui en dépendait, le 8 juillet 1780, au bureau des finances de la généralité de Moulins. Le 7 mai 1777, messire Claude du Ris, prêtre, se démit entre ses mains de son canonicat de Saint-Vénérand-de-Veauce, et, le 1er juillet 1780, Pierre Boirot, sieur des Serviers, paroisse de Vicq, lui rendit foi et hommage pour sa directe de Bord, et lui en rendit, le 26 novembre suivant, l'aveu et le dénombrement. Il avait épousé, par contrat passé le 4 juillet [1] 1748 devant Sauvage et Massé, notaires royaux à Moulins, demoiselle Jeanne-Gilberte ROLLET D'AVAUX, fille de messire Amable Rollet [2], écuyer, seigneur d'Avaux et de Saint-Mayard, premier président au présidial de Riom, et de dame Gilberte Vilhardin de Belleau. Furent présents messire André de Cadier, chevalier, seigneur de la Brosse, messire Simon de Cadier, chevalier, seigneur du Ponsut, oncles paternels du futur, messire Antoine des Bouis, seigneur de Beaufort, grand-oncle de la future, messire Pierre de Champfeu, chevalier, seigneur de la Brosse, etc. François-Claude de Cadier est décédé à Moulins le 28 février 1794, laissant de cette alliance :

1° André de Cadier, qui continue la filiation ;

2° Jacques-Amable de Cadier, dit le chevalier de Veauce, né et baptisé le 22 août [3] 1750, mort le 27 avril 1765;

3° Etienne de Cadier, né le 21 et baptisé le 22 décembre [4] 1752, qui embrassa l'état ecclésiastique et mourut jeune;

4° Amable de Cadier, vicomte de Veauce, chevalier de l'ordre royal et militaire de Saint-Louis, né et baptisé le 27 février [5] 1755, fut capitaine au régiment de Conti-Dragons. Il fut accordé. par contrat de mariage du 1er février 1790, avec demoiselle Henriette-Madeleine de Montsaulnin, chanoinesse d'honneur au noble chapitre royal de l'Argentière, fille de messire Etienne-Claude de Montsaulnin [6], seigneur de Fontenay, Néronde, Ignole, Feu-

(1) Expédition originale aux archives de M. le baron de Veauce; généalogie dressée par M. Rollet d'Avaux, aux preuves.

(2) Les armes de Rollet d'Avaux, famille originaire d'Auvergne, sont : *d'azur, au chevron d'or accompagné de trois rochers d'argent; au chef de gueules chargé de trois étoiles d'or.*

(3) Extrait des registres des actes des baptêmes de la paroisse de Saint-Pierre, à Moulins, diocèse d'Autun ; aux archives de M. le baron de Veauce ; généalogie dressée par M. Rollet d'Avaux, aux preuves. (4) *Ibidem.* (5) *Ibidem.*

(6) La maison de Montsaulnin s'est divisée en deux branches : la première, celle des

dron, etc., chevalier de l'ordre royal et militaire de Saint-Louis, et de dame Françoise-Madeleine *de Villaines*. Il est mort à Bourges en 1836, sans laisser de postérité;

5° **Jean-Réné de Cadier**, né et baptisé le 21 mai[1] 1757, mort sans avoir pris d'alliance.

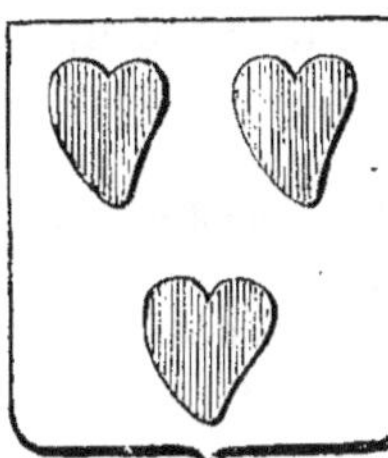

XV. ANDRÉ DE CADIER, chevalier, baron DE VEAUCE, seigneur de Saint-Augustin, chevalier de l'ordre royal et militaire de Saint-Louis, né à Moulins le 25 mars[2] 1749, fut reçu page du roi en sa petite écurie sur les preuves de noblesse certifiées à S. M. par le juge d'ar-

marquis de *Montal*, qui s'est éteinte dans les mâles en la personne de Charles-Louis de Montsaulnin, marquis de Montal, baron de Courcelles, colonel du régiment de Poitou, brigadier des armées du roi le 29 mars 1710, maréchal de camp le 1er février 1719, lieutenant général le 1er août 1734, gouverneur de Villefranche en Roussillon au mois d'août 1740 et de la ville de Guise-sur-Oise au mois de mars 1743, chevalier des ordres à la promotion du 2 février 1745, qui mourut ne laissant que deux filles de son mariage contracté, le 21 avril 1705, avec Anne-Marie de *Colbert*, morte le 6 juin 1740, fille d'Édouard de Colbert, marquis de Villacerf, surintendant des bâtiments, et de Geneviève *Larcher*. L'autre branche était établie en Berry, où elle possédait la seigneurie de *Fontenay*, qui fut apportée en dot, en 1555, par Catherine de Fontenay, unique héritière de sa maison, à François de Montsaulnin, trisaïeul de Léonard de Montsaulnin, seigneur de Fontenay, qui, de son mariage accordé en 1725 avec Madeleine de *Boullé*, eut : Étienne-Claude de Montsaulnin, seigneur de Fontenay, officier dans le régiment du roi, infanterie, mentionné ci-dessus. Les armes sont : *de gueules, à trois léopards couronnés d'or, posés l'un sur l'autre*. (*Armorial de l'ancien duché de Nivernais*, par George de Soultrait.)

(1) Extrait des registres des actes des baptêmes de la paroisse de Saint-Pierre, à Moulins, diocèse d'Autun.

(2) Extrait des registres des actes des baptêmes de la paroisse Saint-Pierre, à Moulins, diocèse d'Autun. — Aux archives de M. le baron de Veauce. — Généalogie dressée par M. Rollet d'Avaux, aux preuves. — Toutes les pièces que nous avons citées comme extraites des archives de M. le baron de Veauce, et rapportées par extraits dans la généalogie dressée par M. Rollet d'Avaux, ont été collationnées sur les originaux par Moranges et Theilot, notaires royaux à Riom, le 11 avril 1763, contrôlé le 12 du même mois; leurs signatures ont été légalisées par François Milanges de Neuilhat, conseiller du roi, lieutenant particulier en la sénéchaussée d'Auvergne et siége présidial de Riom. Ces pièces furent encore vérifiées par Denis-Louis d'Hozier, chevalier, conseiller du roi en ses conseils, président en la cour des comptes, aides et finances de Normandie, et généalogiste de France, le 24 août de la même année.

mes de France, le 29 février 1764. Il était maréchal des logis lorsque le roi lui donna, par lettres patentes du 24 octobre[1] 1769, la charge de sous-lieutenant dans le régiment de Clermont-Prince, cavalerie, dans lequel il fut reçu le 31 décembre 1770 ; de ce régiment il passa avec le même grade dans celui de la Marche, cavalerie, où il fut promu au grade de capitaine par commission du 19 mai[2] 1774, signée par le roi, et y fut reconnu en

(1) Ces lettres sont ainsi conçues :

« Aujourd'hui, vingt-quatrième jour du mois d'octobre 1769, le roi étant à Fontainebleau, prenant une entière confiance en la valeur, courage, expérience en la guerre, vigilance et bonne conduite du sieur André de Cadier de Veauce, maréchal des logis, et en sa fidélité et affection à son service, Sa Majesté lui a donné et octroyé la charge de sous-lieutenant en la compagnie de Boisanval, dans le régiment de cavalerie de Clermont, vacante par la promotion du sieur de Tournemire à une lieutenance, pour dorénavant en faire les fonctions et en jouir aux honneurs, autorité, prérogatives, droits et appointemens qui y appartiennent, tels et semblables, dont jouissent ceux qui sont pour vus de pareilles charges. M'ayant, Sa Majesté, pour témoignage de sa volonté, commandé de lui en expédier le présent brevet qu'elle a signé de sa main, et fait contresigner par moi, son conseiller secrétaire d'État et de ses commandemens et finances.

« *Signé :* LOUIS.

« Plus bas :

« *Signé :* DUC DE CHOISEUL. »

(Original aux archives de M. le baron de Veauce.)

(2) Voici la teneur :

« LOUIS, par la grâce de Dieu, roy de France et de Navarre, à notre cher et bien amé le sieur André de Cadier, baron de Veauce, sous-lieutenant dans le régiment de cavalerie de la Marche, salut; la compagnie dont était pourvu le sieur de Sournia, dans ledit régiment, étant à présent vacante par sa promotion au grade de mestre de camp de cavalerie, et désirant de la remplir d'une personne qui s'en puisse bien acquitter, nous avons estimé que nous ne pouvions faire pour cette fin un meilleur choix que de vous, pour les services que vous nous avez rendus dans toutes les occasions qui se sont présentées, où vous avez donné des preuves de votre valeur, courage, expérience en la guerre, vigilance et bonne conduite, et de votre fidélité et affection à notre service. A ces causes et autres à ce nous mouvans, nous vous avons commis, ordonné et établi, commettons, ordonnons et établissons par ces présentes signées de notre main, capitaine de ladite compagnie, vacante comme dit est ci-dessus, laquelle vous commanderez, conduirez et exploiterez sous notre autorité et sous celle de Boulainvilliers, mestre de camp, lieutenant dudit régiment. La part, ainsi qu'il vous sera par nous et nos lieutenans généraux commandé, ordonné pour notre service, et nous vous ferons payer, ensemble les officiers et chevau-légers de ladite compagnie, des états, appointemens et soldes qui vous seront et à eux deus, suivant les montres et revues qui en seront faites par les commissaires et conservateurs des guerres à ce départis, tant et si longuement que ladite compagnie sera sur pied pour notre service; tenant la main à ce qu'elle vive en si bon ordre et police, que

cette qualité à Lunéville le 8 août 1775. Ayant été réformé, il fut pourvu, par commission du 13 mai[1] 1779, signée par le roi,

nous n'en puissions recevoir de plaintes. De ce faire vous donnons pouvoir, commission, autorité et mandement spécial. Mandons au sieur de Boulainvilliers, mestre de camp, lieutenant dudit régiment, et en son absence à celui qui le commande, de vous recevoir et faire reconnaître en ladite charge, et à tous qu'il appartiendra, qu'à vous en ce faisant soit obéi, car tel est notre plaisir.

« Donné à notre château de la Muette le dix-neuvième jour de mai, l'an de grâce mil sept cent soixante-quatorze, et de notre règne le premier.

« *Signé :* LOUIS.

« Par le roy :

« Le DUC D'AIGUILLON. »

A cette pièce est attachée celle qui suit :

« Nous, Charles-Eugène-Gabriel de La Croix, marquis de Castries, lieutenant général des armées du roy, chevalier de ses ordres, gouverneur des ville et citadelle de Montpellier, ville et port de Cette, lieutenant général de la ville de Lyon, province de Lyonnais, Forez, mestre de camp général de la cavalerie française et étrangère, capitaine lieutenant de la compagnie des gendarmes écossais, commandant général et inspecteur du corps de la gendarmerie, et commandant en chef dans les provinces de Flandres, Hainaut et Cambraisis.

« Vu le brevet donné le 19 mai 1774, par lequel Sa Majesté a commis et établi le sieur baron de Veauce en la charge de capitaine au régiment de la Marche, cavalerie, pour en la dite qualité exercer et remplir les fonctions attachées audit état, sous l'autorité du roi, de M. le marquis de Béthune, colonel général de la cavalerie, et de la nôtre, la part et ainsi qu'il lui sera ordonné : Nous, en vertu du pouvoir à nous donné par Sa Majesté, à cause de notre charge de mestre de camp général de ladite cavalerie, ordonnons à tous brigadiers et autres commandants de cavalerie, de reconnaître ledit sieur baron de Veauce en la susdite qualité, et à tous ceux qu'il appartiendra de lui obéir et entendre en ce qui concerne sa charge, suivant et conformément auxdites lettres patentes du roy. En témoin de quoi nous lui avons donné et signé notre présente attache, fait contresigner par notre secrétaire ordinaire, et sceller de nos armes pour lui servir et valoir en ce que besoin sera.

« Fait à Lunéville, le huit août mil sept cent soixante-quinze.

« *Signé :* CASTRIES.

« Par monseigneur :

« *Signé :* BERTELUIRE. »

(Original aux archives de M. le baron de Veauce.)

(1) Cette pièce est ainsi conçue :

« Monsieur le comte de Boulainvilliers, ayant donné au capitaine André Cadier, baron de Veauce, capitaine réformé, la charge de capitaine en second de la compagnie mestre de camp du régiment de dragons de Conty que vous commandez, vacante par la promotion du capitaine de Beaurecueil à la charge de major du second régiment de chevau-légers je vous écris cette lettre pour vous dire que vous ayiez à le recevoir et faire reconnaître de la charge de capitaine en second de la compagnie mestre de camp du régiment de dragons de Conti. Le baron de Veauce fut représenté à l'assemblée de la noblesse de la sénéchaussée de Bourbonnais, tenue à Moulins le 16 mars 1789, pour l'élection des députés aux états généraux, par M. de la Motte-Bodinat. Le roi Louis XVI le nomma, le 28 janvier[1] 1791, chevalier de l'ordre royal et militaire de Saint-Louis, dans lequel il fut admis après avoir prêté serment entre les mains de M. le comte de Chalus,

en la qualité de capitaine en second de ladite compagnie, et tous ceux et ainsi qu'il appartiendra, avec le rang qu'il a tenu jusqu'à présent dans ledit régiment et dans mes troupes de dragons.

« Et la présente n'étant pour autre fin, je prie Dieu qu'il vous ait, monsieur le comte de Boulainvilliers, en sa sainte garde.

« Écrit à Marly le 13 mai 1779.

Signé : LOUIS.

« Plus bas :

« *Signé :* Le COMTE DE MONTBARREY. »

(Original aux archives de M. le baron de Veauce.)

(1) La lettre close que le roi adresse à cette occasion au baron de Veauce est ainsi conçue :

« Mons. André de Cadier de Veauce, la satisfaction que j'ai de vos services m'ayant convié à vous associer à l'ordre militaire de Saint-Louis, je vous écris cette lettre pour vous dire que j'ai commis le sieur de Chalus, ci-devant capitaine dans le régiment d'Orléans infanterie, et chevalier dudit ordre, pour, en mon nom, vous recevoir et admettre à la dignité de chevalier de Saint-Louis, et mon intention est que vous vous adressiez à lui pour prêter en ses mains le serment que vous êtes tenu de faire en ladite qualité de chevalier dudit ordre, et recevoir de luy l'accollade et la croix que vous devez doresnavant porter sur l'estomac, attachée d'un petit ruban couleur de feu. Voulant qu'après cette réception faite vous teniez rang entre les autres chevaliers dudit ordre, et jouissiez des honneurs qui y sont attachés. Et la présente n'étant pour autre fin, je prie Dieu qu'il vous ait, mons. André de Cadier de Veauce, en sa sainte garde.

« Écrit à Paris le 28 janvier 1791.

« *Signé :* LOUIS.

« Et plus bas :

« *Signé :* DUPORTAIL. »

A cette lettre est joint le certificat de réception de M. de Chalus :

« Nous, Jean de Chalus, certifions qu'en vertu des ordres de Sa Majesté à nous adressés le 28 janvier 1791, et après avoir fait prêter le serment entre nos mains à M. André de Veauce, capitaine de dragons au régiment de Conty, nous l'avons admis au nom du roi à la dignité de chevalier de l'ordre royal et militaire de Saint-Louis, dont nous lui avons remis la croix et le brevet que Sa Majesté lui a fait expédier. En foi de quoi nous lui avons délivré le présent certificat, que nous avons signé.

« *Signé :* J. DE CHALUS. »

commis à cet effet par Sa Majesté. Cette même année, le baron de Veauce ayant perdu sa femme, il fut obligé d'abandonner la carrière des armes pour venir prendre soin de sa jeune famille. Mais l'orage politique qui grondait sur la France, et qui éclata avec tant de fureur sur la noblesse, ne devait point passer sans l'atteindre ; car, gentilhomme et soldat du roi, ces nobles qualités devaient mettre ses jours en danger. Aussi, en 1793, fut-il déclaré *suspect* par le comité révolutionnaire, qui l'arracha des bras de sa famille pour le conduire dans les prisons de la terreur, d'où tant de victimes ne sont sorties que pour marcher au supplice. Il fut incarcéré dans la tour de la prison de Moulins. Contraste frappant ! le château de Moulins, où en d'autres temps les aïeux d'André de Cadier avaient brillé par leur nom, leur mérite et l'éclat de leur rang aux côtés des ducs de Bourbon, dont ils étaient les gentilshommes, devait être un jour le lieu de la captivité cruelle d'un de leurs descendants! Privé de toutes communications avec sa famille, témoin de la mort de plusieurs de ses compagnons d'infortune qu'une maladie contagieuse, répandue jusque dans la prison, disputait au fer du bourreau, ses forces s'affaiblirent par suite des souffrances physiques et morales auxquelles il succomba, le 27 avril 1794, deux mois après son père, à l'âge de 45 ans. Sa mort prématurée enleva une victime au tribunal révolutionnaire, dont le bras sanglant toujours levé menaçait chaque jour de le frapper, car il devait être du nombre des malheureux que le comité de Moulins voulait livrer au tribunal de Lyon, qui devait prononcer leur arrêt de mort auquel l'événement du 9 thermidor (27 juillet 1794) les fit heureusement échapper. Ses trois enfants furent taxés à la somme énorme de 544,000 fr. d'emprunt forcé, dont 3,000 fr. en grains. La somme fut payée et les grains furent livrés.

André de Cadier, baron de Veauce, avait épousé, le 3 mai 1783, demoiselle Bénigne-Charlotte PERROTIN DE BARMOND, fille de messire Ange-François Perrotin de Barmond[1], chevalier de

(1) La famille de Perrotin de Barmond, originaire du Berry, fut maintenue dans la possession de sa noblesse, en la personne de François Perrotin, écuyer, seigneur de Barmond, par ordonnance de M. Lambert d'Herbigny, commissaire départi dans la

l'ordre du roi, contrôleur général triennal de la marine des galères et des fortifications des places maritimes, etc., et de dame Marie Charlotte AUBOURG DE BOURY [1].

De cette alliance sont provenus :

généralité de Bourges, du 23 avril 1667, après l'avoir justifié par titres depuis Charles Perrotin, son quatrième aïeul, écuyer, seigneur d'Artigni, vivant avant l'an 1499. Les commissaires généraux du conseil rendirent encore un jugement de maintenue de noblesse en faveur de cette maison le 13 décembre 1708.

François Perrotin, écuyer, seigneur de Barmond et de Tinay, épousa, par contrat du 20 novembre 1654, Marie Thevenin, qui le rendit père de Jacques Perrotin, écuyer, seigneur de Barmond, chevalier de l'ordre du roi, son conseiller en tous ses conseils, contrôleur général, et marié à dame Catherine-Etiennette de *Gineste*, de laquelle il eut Ange-François Perrotin de Barmond, mentionné ci-dessus, qui fut marié deux fois : 1° le 7 janvier 1750 à Marguerite-Félicité *d'Hozier*, née le 15 novembre 1722, morte le 15 mai 1752, fille aînée de feu Pierre d'Hozier, chevalier, juge d'armes de France, maître des comptes, et de Marie-Anne de Robillard; 2° à Marie-Charlotte *Aubourg de Boury*. Ses enfants furent : Ange-Guillaume Perrotin de Barmond, maître ordinaire en la chambre des comptes de Paris; Charles-François, conseiller au parlement, député à l'assemblée nationale; Bénigne-Charlotte, femme du baron de Veauce; Marie-Thérèse, épouse de Claude-Charles, marquis de *Pleure*, mestre de camp de carabiniers; et N. de Perrotin de Barmond, alliée à Jean-Denis de *Robillard*, maître ordinaire de la chambre des comptes de Paris.

Les armes de cette famille sont : *d'argent, à trois cœurs de gueules.*

(1) AUBOURG DE BOURY. La terre et seigneurie de Boury fut érigée en marquisat par lettres patentes du mois de juin 1686, registrées au parlement le 23 janvier 1687, et en la chambre des comptes le 20 juin suivant en faveur de Guillaume Aubourg, grand audiencier de France, qui, de dame Marguerite *Chauvin*, sa femme, eut Anne Aubourg, célébrée par Pavillon sous le nom de *madame Damond*, mariée 1° à Michel Damond, trésorier du marc d'or; 2° en 1715, à Jean-Paul de Tronchai, marquis de Vayres; et Charles Aubourg, marquis de Boury et de Vayres, garde des rôles de la chancellerie, mort à l'âge de 80 ans en 1744, laissant d'un premier mariage : N. Aubourg, alliée à N. Neyret, marquis de la Ravoye, doyen des lieutenants généraux en 1783; et d'un second contracté avec Marie Rouxelin, décédée avant 1730 : Guillaume Aubourg, marquis de Boury, capitaine de dragons, veuf au mois de septembre 1750 de Barbe-Charlotte Aubourg, fille de François-Nicolas Aubourg, secrétaire du roi, et de Marie Poupard, sa parente au quatrième degré, qu'il avait épousée le 12 août 1730, et de laquelle il eut : 1° Charles Aubourg, marquis de Boury, mousquetaire puis capitaine au régiment des gardes françaises; 2° Guillaume-Léopold Aubourg de Boury, dit *le marquis de Vayres*, capitaine de vaisseau; et 3° Marie-Charlotte Aubourg, dite *mademoiselle de Boury*, bisaïeule paternelle de Charles-Eugène de Cadier, baron de Veauce, femme en secondes noces de Ange-François Perrotin de Barmond, comme il est dit ci-dessus.

Les armes d'AUBOURG DE BOURY sont : *d'azur, au lion d'or accompagné en chef à dextre d'une étoile du même, et à senestre d'une larme d'argent.*

1° **Marie-Amable de Cadier**, chevalier, baron de Veauce, qui suit;

2° **Bénigne-Charlotte de Cadier de Veauce**, née le 26 août 1784, mariée en premières noces à François **Le Blanc de Chateau-Villars**[1], conseiller au parlement de Paris, et en secondes noces à Eugène-Paulin-Raymond, marquis **de Montlaur** [2], chef d'escadron, chevalier de Saint-Jean de Jérusalem, de l'ordre royal et militaire de Saint-Louis et de la Légion-d'Honneur ;

3° **Marie-Guillelmine de Cadier de Veauce**, née le 11 août 1787, accordée par mariage avec Antoine-Guillaume-Augustin-Réné **Chaillon**, comte **de Jonville**, chevalier de Saint-Louis et de la Légion-d'Honneur, colonel de cavalerie, aide de camp de LL. AA. RR. le duc de Bourbon et le duc d'Enghien, fils de Augustin-Jean-François Chaillon, seigneur de Jonville, conseiller au parlement de Paris le 7 juillet 1752, maître des requêtes en mars 1762 et président au grand conseil le 4 janvier 1768, et de dame Anne de Fredefond de Sauvaignac, sa seconde femme, qu'il avait épousée le 12 janvier 1768 [3] ;

4° **Louis-Guillaume de Cadier de Veauce**, mort jeune.

(1) Les armes de Le Blanc de Chateau-Villars sont : *d'argent, au cerf au naturel, accompagné en pointe d'un croissant de gueules ; au chef cousu d'or, chargé de trois étoiles d'azur.*

(2) Les armes du marquis de Montlaur sont : *d'or, à la croix de gueules remplie du champ ; un chef d'azur chargé de sept fleurs de lis d'argent posées 4 et 3.*

(3) Il avait épousé en premières noces demoiselle Antoinette-Avoye *de Ricouart*, fille de Philippe-François de Ricouart, capitaine au régiment de Toulouse, et de dame Élisabeth-Avoye *de Ponty*, qui décéda sans enfants le 31 mai 1765. Elle portait pour armes : *d'azur, à l'ombre de soleil d'or ; au chef d'argent, chargé d'un lion léopardé de sable, armé et lampassé de gueules.*

Augustin-Jean-François de Chaillon était fils de François Chaillon, seigneur de Jonville, gentilhomme ordinaire de la maison du roi, son ministre à Bruxelles, puis à Gênes, mort en avril 1765, et d'Eugénie-Catherine *Lombard d'Ermenonville.*

Les armes de Chaillon sont : *d'azur, au chevron d'or, accompagné en chef de deux mouches de sable, et en pointe d'un lion d'or.*

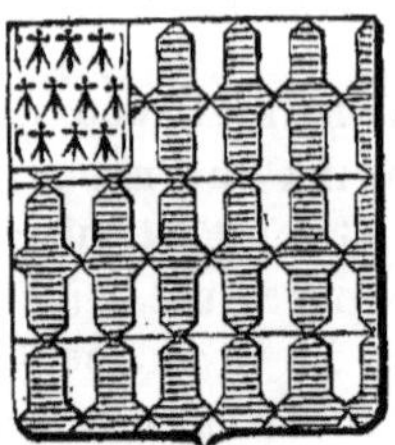

XVI. MARIE-AMABLE DE CADIER, chevalier, baron DE VEAUCE, chevalier de l'ordre royal de la Légion-d'Honneur, né à Paris le 28 avril[1] 1786, fit partie, en 1813, du quatrième régiment des gardes d'honneur en qualité de maréchal des logis; au mois de mai 1814, il fut fait sous-lieutenant de cavalerie, et en 1815 chef d'escadron attaché à l'état-major de la garde nationale de Paris. Le roi Louis XVIII, par ordonnance du 24 mai 1821, le nomma chevalier de l'ordre royal de la Légion-d'Honneur. Le baron de Veauce épousa : 1° le 28 avril 1819, demoiselle LOUISE-JOSÉPHINE-MÉLITE DE SALPERWICK[2],

(1) Extrait du registre des actes de naissance de la paroisse Saint-Gervais, à la préfecture de la Seine.

(2) DE SALPERWICK, maison d'ancienne extraction, qui a donné des officiers dans les armées et des chevaliers à l'ordre de Saint-Jean de Jérusalem, est originaire d'Artois, où elle était établie avant l'an 1159; car, cette même année, Thomas de Salperwick assiste comme témoin à une donation faite par Barbe, comtesse de Soissons, et son époux, à l'abbaye de Saint-Aubert de Cambray. Baudoin de Salperwick fut grand bailli de Fauquemberg en 1251. Un autre Baudoin de Salperwick accompagna, en qualité d'écuyer, Eudes IV, duc de Bourgogne, à la bataille de Saint-Omer, qui se livra le 27 juillet 1340. Mathieu de Salperwick fut créé souverain bailli de comté du Guigues, le 4 décembre 1362.

Quoique cette famille, comme on le voit, soit très ancienne, sa filiation n'est cependant littéralement établie que depuis Regnault de Salperwick, écuyer inscrit sur les rôles des gentilshommes présents aux états d'Artois, en 1414, et qui de N. de *Cherf*, sa femme, eut deux fils.

Le petit-fils d'Enguerrand de Salperwick, l'aîné, Edmond de Salperwick, épousa, le 5 mars 1482, Isabelle de *Rabodinghe*, qui le rendit père de Guillaume de Salperwick qui passa en Angleterre, où il a formé une branche qui est éteinte, et de Louis de Salperwick, échevin de Saint-Omer, qui n'eut que deux filles.

Gilles de Salperwick, fils puîné de Regnault, fut l'aïeul au huitième degré de Jean-Philippe de Salperwick, chevalier, seigneur de Grigny, fils de François de Salperwick et de Marie-Charlotte de *Harchies*, qui épousa, le 7 mars 1725, Gabrielle-Charlotte de *Lannion*, fille de Charles-Joseph, comte de Lannion, seigneur de Bontavent, et de Denise-Charlotte Talon, dont il eut : Charles-Louis-Philippe de Salperwick, chevalier, seigneur de Grigny, grand bailli héréditaire de la ville de Hesdin, officier de cavalerie au régiment de Noailles, marié le 19 mai 1760 à Marie-Charlotte le Fèvre de Milly, fille d'Eugène-Louis-Philippe de Salperwick, chevalier, marquis de Grigny, membre des états de la noblesse d'Artois, capitaine de cavalerie au régiment Royal-Navarre, et de dame Antoinette-Marie de VIDARD DE SAINT-CLAIR[1]; 2° le 27 mai 1827, demoiselle

fille de messire Jean le Fèvre de Milly, chevalier, vicomte de Doullens, et d'Isabelle de Salperwick, et petite-fille de François le Fèvre, seigneur de Milly, et de Hélène de Cornilles, qui le rendit père de Eugène-Louis-Philippe de Salperwick, marquis de Grigny, aïeul maternel de Charles-Eugène de Cadier, baron de Veauce, mentionné ci-dessus. Armes : *de contre vair, au franc quartier d'hermines.*

(1) La famille de VIDARD DE SAINT-CLAIR, qui, selon la tradition, aurait pris son nom de la terre de Vidard, dans la basse Navarre, s'est illustrée dans la carrière des armes, où elle a fourni un maréchal de camp et plusieurs officiers supérieurs décorés de l'ordre royal et militaire de Saint-Louis, et nombre d'officiers distingués dans la marine. Elle a aussi rempli plusieurs emplois dans la magistrature. Elle vint s'établir en Poitou vers la fin du quatorzième siècle, et passa ensuite en Champagne par suite du mariage d'Antoine-Mathieu de Vidard, chevalier, seigneur de Saint-Clair et de Busseroux, lieutenant au régiment des gardes, fils de André de Vidard, écuyer, seigneur de Busseroux, en Poitou, et de Fredouville en Saintonge, et de dame Marie *du Flos d'Avanton*, contracté le 7 juin 1695 avec demoiselle Catherine d'*Haretel*, dame de Vauciennes, fille de Claude d'Haretel, écuyer, seigneur de Vauciennes, président des trésoriers de France à Châlons, et de dame Catherine Maillet. Antoine-Mathieu de Vidard fut pourvu, le 23 mai 1698, de la charge de lieutenant de roi en Champagne, au département de Reims.

André-Claude-Amable, chevalier, marquis de Saint-Clair, son fils, né le 13 mai 1696, reçu page du roi en sa petite écurie en mars 1711, entra au service dans la seconde compagnie des mousquetaires en 1713, puis fut successivement enseigne aux gardes-françaises en 1715, capitaine de cavalerie au régiment Royal-Piémont en 1718, exempt des gardes du corps du roi Louis XV, dans la compagnie de Charost, en 1715, lieutenant de roi en Champagne et chevalier de l'ordre royal et militaire de Saint-Louis. Il obtint, en 1722, un brevet de mestre de camp de cavalerie, fut créé aide-major des gardes en 1740, enseigne en 1743, brigadier des armées en 1744, maréchal de camp en 1745, et quitta le service quelque temps après cette dernière promotion. Il mourut à Épernay, le 21 janvier 1751, et fut inhumé à Vauciennes. Il avait épousé demoiselle Marie-Nicole-Florimonde *Ivonnet de la Grange*, dame de Fougères en Blaisois, Hauterive en Gâtinais, Unchères, Muire-le-Reims, Branscourt, Machault, Romains, fille et unique héritière de Michelle-Louis Ivonnet de la Grange, seigneur d'Hauterive, conseiller au parlement de Paris, et de Marie de Paris de Branscourt. De cette alliance est issu Antoine-François-Nicolas de Vidard, chevalier, marquis de Saint-Clair, né le 19 janvier 1740, mousquetaire noir en 1754, qui épousa, le 4 novembre 1766, Antoinette-Louise-Maxime de *Puységur*, fille de Jacques-François-Maxime de Chastenet, marquis de Puységur, vicomte

AGATHE ROUILLÉ D'ORFEUIL, veuve du comte de Tascher,

Buzancy, lieutenant général, dont il est parlé ci-dessous, et de dame Marie-Marguerite Masson, de laquelle il a eu :

1° N. de Vidard, marquis de Saint-Clair, qui entra au service dans le régiment de Rohan. Étant passé dans le royaume de Naples, il y prit du service ; nommé capitaine des gardes, puis créé colonel de la garde de la reine, il fut placé auprès de Sa Majesté, dont il acquit l'estime et la considération. La cour de Naples, par suite des événements politiques forcée de se retirer en Sicile, le marquis de Saint-Clair y suivit la reine, qu'il accompagna ensuite en Sardaigne, puis à Constantinople, et enfin à Vienne, où cette princesse mourut le 8 septembre 1814. Marie-Charlotte avait emmené avec elle son fils Léopold, prince de Salerne, père de S. A. R. madame la duchesse d'Aumale, dont M. de Saint-Clair était alors gouverneur. Resté à Vienne avec ce prince, M. de Saint-Clair négocia, en 1816, son mariage avec Marie-Clémentine-Françoise-Josèphe, archiduchesse d'Autriche. Déjà, en 1809, durant le séjour de la cour de Naples en Sicile, il avait été chargé des négociations du mariage de Marie-Amélie, princesse de Naples et de Sicile, avec S. M. Louis-Philippe, roi des Français, alors duc d'Orléans. Lorsque des troubles éclatèrent à Naples, M. de Saint-Clair persuada au prince Léopold de se mettre, au nom de son père, à la tête des Napolitains royalistes, qu'il commanda lui-même, sous l'autorité de ce prince, en qualité de ministre de la guerre. Murat chassé et Ferdinand rétabli sur le trône, ce prince lui conserva le portefeuille de la guerre, que de nouvelles intrigues de cour lui firent retirer par le roi, qui le nomma son premier aide de camp. Jusqu'à sa mort le marquis de Saint-Clair resta attaché au prince de Salerne :

2° N. Vidard de Saint-Clair, qui servit avec son frère dans le régiment de Rohan ;

3° Antoinette-Marie Vidard de Saint-Clair, née en 1769, aïeule maternelle de Charles-Eugène de Cadier, baron de Veauce.

Jacques-François-Maxime de Chastenet, marquis de Puységur, dont il est fait mention ci-dessus, naquit le 22 septembre 1716. Il fit ses premières armes au siége de Kehl en 1733, fut nommé colonel du régiment Vexin, infanterie, par commission du 15 avril 1738 ; fut créé lieutenant général des armées du roi le 7 décembre 1759, et mourut commandeur de l'ordre royal militaire de Saint-Louis, laissant trois fils et deux filles de son mariage contracté, en 1742, avec demoiselle Marie-Marguerite *Masson*, fille de Gaspard-François Masson, président au parlement de Paris, et de Marguerite *Chevalier*, laquelle avait pour sœur Élisabeth-Thérèse-Marguerite Chevalier, qui, devenue veuve du comte *de Sebeville*, enseigne de la seconde compagnie des mousquetaires, épousa en secondes noces, le 13 juin 1753, Charles-Louis *de Preissac*, comte d'Esclignac, mestre de camp de cavalerie, gouverneur du château de Bayonne, en Guienne. La comtesse d'Esclignac, devenue veuve une seconde fois, mourut sans enfants. Ses biens furent partagés entre les maisons de la Rivière, Dusauroy, d'Aloigny et de Puységur. La seigneurie de Marcoussis, terre principale de la comtesse d'Esclignac, fut divisée en plusieurs lots entre les membres de la famille de Puységur, parmi lesquels figuraient la comtesse de la Myre et le marquis de Salperwick. La comtesse de la Myre, née Le Pelletier d'Aulnay, est représentée actuellement par les enfants de son fils Gabriel, comte de la Myre, mort en 1842, qui avait épousé mademoiselle de Rouillé de Fontaines, et par sa fille la marquise

cousin germain de l'impératrice Joséphine, première femme de

d'Anjorrant. Le marquis de Salperwick, vivant encore, n'a pour héritier que Charles-Eugène de Cadier, baron de Veauce.

Jacques de Chastenet, marquis de Puységur, père du précédent, fils de Jacques de Chastenet, seigneur de Puységur, colonel du régiment de Piémont, et lieutenant général des armées du roi sous les règnes de Louis XIII et de Louis XIV, et de Marguerite de Bois-de-Liége, naquit à Paris le 19 mars 1655. Par ses rares qualités de cœur et d'esprit, et ses talents dans toutes les parties de l'art militaire, il fut digne d'être l'ami, le conseiller du maréchal de Luxembourg, et l'instrument de tout ce que ce grand homme fit de beau dans ses dernières campagnes. Il fut successivement capitaine, major, lieutenant colonel du régiment du roi infanterie, maréchal général des logis des camps et armées de Sa Majesté; en 1690, chevalier de l'ordre royal militaire de Saint-Louis; le 6 février 1694, brigadier d'infanterie; le 3 janvier 1696, gentilhomme de la manche du duc de Bourgogne; en juin 1698, maréchal de camp; le 29 janvier 1702, lieutenant général des armées du roi; le 26 octobre 1704, gouverneur de Condé; en octobre 1707, commandant en chef dans les provinces de Flandres, Hainaut, Artois, Picardie et Soissonnais. Le marquis de Puységur, appelé au conseil de régence établi après la mort du roi Louis XIV, le 3 novembre 1715, fut élevé à la dignité de maréchal de France le 14 juin 1734, mais ne fut déclaré que le 17 janvier 1735. Le maréchal de Puységur fut reçu chevalier des ordres du roi à la promotion du 17 mai 1739, et pourvu du gouvernement de Berghes en 1743 Il est décédé dans la même année à Paris, le 15 août, à l'âge de quatre-vingt neuf ans. Il avait épousé, le 3 octobre 1714, Jeanne-Henriette-Augustine *de Fourcy*, morte le 17 décembre 1737, de laquelle il eut un fils, dont il a été parlé, et trois filles.

La maison de Chastenet de Puységur remonte, par filiation suivie, à Pierre, premier du nom, seigneur de Chastenet, en Bas-Armagnac, qualifié chevalier dans un acte de vente du mois de juin 1186 qu'il fit au nom de ses enfants, donataires de Vital de Chastenet, leur grand-oncle. La postérité de ce Pierre de Chastenet s'est divisée en cinq branches, lesquelles ont donné un échanson du roi Philippe le Bel, un chambellan de Charles II, roi de Navarre, plusieurs gentilshommes de la chambre de nos rois, un maréchal de France, chevalier du Saint-Esprit, trois lieutenants généraux, quatre maréchaux de camp, et plusieurs commandants et gouverneurs de provinces.

La branche aînée de cette maison s'est éteinte dans celle de la Roche-Fontenille, au commencement du dix-huitième siècle; la seconde branche, aînée actuelle, est celle des marquis de Puységur, vicomtes de Buzancy, dont il vient d'être parlé; la troisième s'est établie en Périgord, où elle existait à l'époque de la révolution; la quatrième (troisième actuelle) est celle des comtes de Puységur, seigneurs de Barrast, en Albigeois, dont le chef, Pierre-Gaspard-Herculin de Chastenet, comte de Puységur, fut appelé à la pairie le 23 décembre 1823; la cinquième et dernière, celle des barons de Puységur la Compête, existait en Armagnac en 1776 : on la croit éteinte.

Les armes de VIDARD DE SAINT-CLAIR sont : *de gueules, à trois flèches posées 2 et 1, et surmontées de trois flèches du même empennées, une en pal, les deux autres en sautoir.*

Celles de CHASTENET DE PUYSÉGUR sont : *d'azur, au chevron d'or, accompagné en pointe d'un lion léopardé d'or; au chef du même.*

l'empereur Napoléon, et fille de Gaspard-Louis Rouillé d'Orfeuil[1], marquis de Marville, intendant de Champagne en 1764, grand prévôt, maître des cérémonies de l'ordre de Saint-Louis en 1771, et de N. Bernard de Montigny. Marie-Amable de Cadier, baron de Veauce, est décédé à Paris, le 13 mars 1834, dans la quarante-huitième année de son âge. Selon ses dernières volontés, son cœur a été déposé en l'église de Veauce, sous une dalle de marbre noir. Il n'a pas eu d'enfants de son second mariage, mais du premier il a laissé :

1° Charles-Eugène de Cadier, baron de Veauce, qui suit;

2° Marie-Aglaé de Cadier de Veauce, née le 23 mars 1821, décédée le 5 mars 1837.

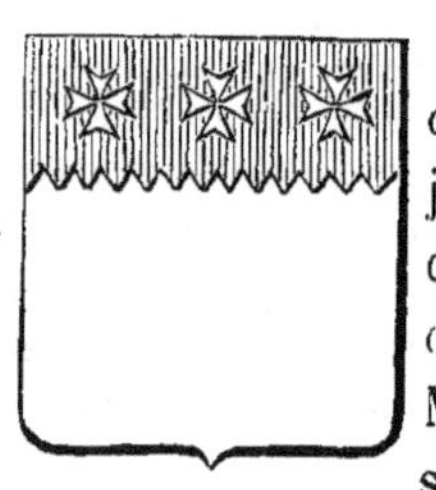

XVII. CHARLES-EUGÈNE DE CADIER, chevalier, baron de Veauce, né à Paris le 1er janvier 1820, a épousé à Eccles-Hall, comté de Norfolk, en Angleterre, le 14 janvier 1841, demoiselle Isabelle DE PERCEVAL-D'EGMONT[2], dont la famille, d'origine française, se divisa en plusieurs branches. L'une devint

(1) La maison de Rouillé, établie à Paris, est originaire de Normandie. Messire Guillaume Rouillé, né à Alençon en 1449, fut institué par Françoise d'Alençon, duchesse de Vendôme, lieutenant général de Beaumont-le-Vicomte; il est auteur d'un commentaire sur la coutume de Normandie. La filiation de cette famille n'est établie que depuis Louis Rouillé, secrétaire du roi, le 25 avril 1679, surintendant des postes en France en 1691, qui fut père de huit enfants, entre autres de Jean Rouillé, chevalier, seigneur de Fontaine et de Coste, maître des requêtes, intendant des postes et messageries de France, qui épousa, le 2 décembre 1699, Jeanne le *Rebours* qui le rendit père de quatre enfants, dont le second fut Louis Rouillé d'Orfeuil, conseiller du roi en ses conseils, maître des requêtes de son hôtel, marié le 22 août 1731 à Henriette-Madeleine *de Caze* de la Bove, fille de Gaspard-Hyacinthe de Caze, baron de la Bove. De ce mariage est né Gaspard-Louis, mentionné ci-dessus, qui fut envoyé par le roi en Hollande en 1756, pour traiter de la paix. Outre madame de Veauce, il eut sept enfants. L'aîné, Gaspard-Marie-Louis Rouillé, né le 3 décembre 1777, fut créé baron en 1810, fait préfet d'Eure-et-Loir en 1813, et épousa Marie-Amélie-Maurice *Chaumont de Riveray*, dont il eut quatre enfants. Les armes sont : *d'azur, au chevron d'or accompagné en chef de deux roses tigées et feuillées d'argent, et en pointe d'un croissant du même.*

(2) Les armes de Perceval-d'Egmont sont : *d'argent, au chef endenché de trois pièces de gueules, chargé de trois croix patées d'argent.*

la tige des ducs de Gueldres, comtes de Flandre; l'autre, qui était passée en Angleterre, en 1066, avec Guillaume le Conquérant, y est restée depuis cette époque, où elle s'y est constamment distinguée, et particulièrement en la personne de *Spencer Perceval*, premier ministre d'Angleterre, qui fut tué d'un coup de pistolet en sortant du parlement, le 11 mai 1812.

De la maison de Perceval sont issus les seigneurs d'Ivery. Ivery était une châtellenie située sur la rivière de l'Eure et sur les confins de la Normandie, en face le village de Nantilly et des autres fiefs qui composaient la châtellenie de Perceval (Breherval). Guillaume, seigneur d'Ivery et d'Oisery, épousa vers 1360 Marie de Montmorency, fille de Charles de Montmorency, maréchal de France. Après cette époque, la terre et seigneurie d'Ivery passa dans la maison de Doudeauville.

Parmi les alliances de la maison d'Ivery de Perceval d'Egmont figurent en France : les maisons de Bouillon, de Montmorency, de Luxembourg, de Clermont-Tonnerre, d'Estouteville, d'Harcourt, de Melun, de Doudeauville, de Brienne, de Bethune, de La Rochefoucauld, de Chateauvillain, de Grancey, du Plessis-Chatillon, de Croy, de Renty[1], etc.

(1) *Voir* à cet égard les planches de l'Histoire généalogique de la maison d'Ivery de Perceval, dans les différentes branches d'Ivery, Luvel, Perceval et Gournay. — Volume 1er, page 220, par J. Anderson, imprimé à Londres en 1742.

EXPLICATION

DES ARMOIRIES ET DES TRENTE-DEUX QUARTIERS DE NOBLESSE

DE

CHARLES-EUGÈNE DE CADIER

CHEVALIER, BARON DE VEAUCE.

Charles-Eugène de Cadier, chevalier, baron de Veauce, est fils de Marie-Amable de Cadier, chevalier, baron de Veauce, chevalier de la Légion-d'Honneur, et de Louise-Joséphine-Mélite de *Salperwick*. Marie-Amable était fils d'André de Cadier, chevalier, baron de Veauce, seigneur de Saint-Augustin, chevalier de l'ordre royal et militaire de Saint-Louis, capitaine de cavalerie, et de Bénigne-Charlotte *Perrotin de Barmond*. André était fils de François-Claude de Cadier, chevalier, baron de Veauce, seigneur de Saint-Augustin, et de Jeanne-Gilberte *Rollet d'Avaux*. François-Claude était fils de Gilbert de Cadier, chevalier, baron de Veauce, seigneur de Saint-Augustin, et de Marie-Anne *Riglet de l'Étang*, fille de Claude Riglet, écuyer, seigneur de l'Étang, de Malsay, de Moulin-Porcher, de Chalivoix et des Noix, et de dame Jeanne *Le Bègue*. Gilbert était fils de Michel de Cadier, chevalier, seigneur et baron de Veauce, seigneur de la Brosse-Cadier et de Saint-Augustin, et de Madeleine *Girault des Bordes*. Jeanne-Gilberte *Rollet d'Avaux*, bisaïeule paternelle, était fille de messire Amable Rollet, écuyer, seigneur d'Avaux et de Saint-Mayard, premier président au présidial de Riom, et de Gilberte *Vilhardin de Belleau*, fille de Pierre Vilhardin, seigneur de Belleau, conseiller du roi en la sénéchaussée de Bourbonnais, et de Anne Péret. Amable Rollet était fils de Michel Rollet, seigneur d'Avaux, conseiller du roi, trésorier de France à Riom, et de demoiselle *Arnoux.* Bénigne-Charlotte *Perrotin de Barmond*, aïeule paternelle, était fille de messire Ange-François Perrotin de Barmond, chevalier de l'ordre du roi, contrôleur général de la marine, et de Marie-Charlotte *Aubourg de Boury.* Ange-François Perrotin de Barmond était fils de Jacques Perrotin, écuyer, seigneur de Barmond, chevalier de l'ordre du roi, et de Catherine-Étiennette *de Gineste*, fille de Jean-Paul de Gineste, conseiller du roi, président-trésorier de France et général de ses finances en la généralité de Bourges, et de Catherine-Étiennette *Secousse.* Jacques Perrotin était fils de François Perrotin, écuyer, seigneur de Barmond et de Tinay, et de Marie *Thévenin.* Marie-Charlotte *Aubourg de Boury*, bisaïeule paternelle, était fille de Guillaume Aubourg, marquis de Boury, capitaine de dragons, et de Barbe-Charlotte *Aubourg*, sa cousine, fille de François-Nicolas Aubourg, secrétaire du roi, et de Marie Poupard. Guillaume Aubourg était fils de Charles Aubourg, marquis de Boury et de Vayres, garde des rôles de la chancellerie, et de Marie Rouxelin, sa seconde femme. Joséphine-Mélite de *Salperwick*, mère, était fille d'Eugène-Louis-Philippe de Salperwick, marquis de Grigny, capitaine de cavalerie au régiment Royal-Navarre, et d'Antoinette-Marie *Vidard de Saint-Clair.* Eugène-Louis-Philippe était fils de Charles-Louis-Philippe de Salperwick, chevalier, seigneur de Grigny, et de Marie-Charlotte *Le Fèvre de Milly.* Charles-Louis-Philippe était fils de Jean-Philippe de Salperwick, chevalier, seigneur de Grigny, et de Gabrielle-Charlotte de *Lannion*, fille de Charles-Joseph, comte de Lannion, et de Denise-Charlotte *Talon.* Jean-Philippe était fils de François de Salperwick, marquis de Grigny, et de Marie-Charlotte de *Harchies de Guisy.* Marie-Charlotte *Le Fèvre de Milly*, bisaïeule maternelle, était fille de Jean Le Fèvre de Milly, vicomte de Doullens, et de Marie-Isabelle de *Salperwick*, fille de François de Salperwick, marquis de Grigny, et de Marie-Charlotte de *Harchies.* Jean Le Fèvre était fils de François Le Fèvre, écuyer, seigneur de Milly, d'Ansenne, d'Hymmeville, lieutenant de chevau-légers au régiment de Prouville, et d'Hélène de *Cornilles.* Antoinette-Marie de *Vidard de Saint-Clair*, aïeule maternelle, était fille d'Antoine-François-

Nicolas de Vidard, chevalier, seigneur de Saint-Clair, et d'Antoinette-Louise-Maxime *de Puységur.* Antoine-François-Nicolas était fils d'André-Claude-Amable de Vidard, chevalier, marquis de Saint-Clair, et de Marie-Nicole-Florimonde *Ivonnet de La Grange,* baronne de Muire, fille de Michel-Louis Ivonnet de La Grange, conseiller au parlement de Paris, et de Marie *de Paris de Branscourt.* André-Claude-Amable était fils d'Antoine-Mathieu de Vidard, comte de Saint-Clair, seigneur de Busseroux et du Camois, lieutenant du roi en Champagne, et de Catherine *d'Haretel.* Antoinette-Louise-Maxime *de Puységur*, bisaïeule maternelle, était fille de Jacques-François-Maxime de Chastenet, marquis de Puységur, vicomte de Buzancy, lieutenant général, et de Marie-Marguerite *Masson*, fille de Gaspard-François Masson, président au parlement de Paris, et de Marguerite *Chevalier.* Jacques-François-Maxime de Puységur était fils de Jacques de Chastenet, marquis de Puységur, maréchal de France, et de Jeanne-Henriette-Augustine de *Fourcy de Chesy.*

DE CADIER : d'azur, à un massacre de cerf d'or, ramé de dix cors.

GIRAULT DES BORDES : de gueules, au puits d'argent d'où sortent deux palmes du même posées en bande et en barre ; au chef d'azur, chargé d'une fleur de lis d'or, et une cotice de gueules brochant sur la fleur de lis.

RIGLET DE L'ÉTANG : d'azur, à trois pals alaisés d'argent ; au chef cousu de gueules chargé de trois étoiles d'argent.

LE BÈGUE : d'azur, au cep de vigne d'or fruité du même, tortillé autour d'un échalas aussi d'or et surmonté d'une merlette d'argent entre deux croissants du même.

ROLLET D'AVAUX : d'azur, au chevron d'or, accompagné de trois rochers d'argent ; au chef cousu de gueules chargé de trois étoiles d'or.

ARNOUX : de sable, à deux lions l'un sur l'autre d'or.

VILHARDIN : d'azur, à une fasce d'argent chargée d'une ville de gueules.

PERET : de sable, à un poirier d'argent chargé de trois poires de gueules.

PERROTIN DE BARMOND : d'argent, à trois cœurs de gueules.

THÉVENIN : d'or, au chevron d'azur, accompagné en pointe d'un cheval gai de gueules ; au chef d'azur chargé de trois étoiles d'argent.

DE GINESTE : d'azur, au chevron d'or accompagné en chef de deux croix du même, et en pointe, d'une branche de genêt composée de trois fleurs aussi d'or, celle du milieu épanouie en pointe.

SECOUSSE : d'azur, au chevron d'argent surmonté d'un croissant d'or, et accompagné en chef de deux étoiles du même et en pointe d'une gerbe aussi d'or.

AUBOURG : d'azur, au lion d'or, accompagné en chef à dextre d'une étoile du même et à senestre d'une larme d'argent.

ROUXELIN : d'azur, au chevron d'or accompagné en pointe d'un lion du même; au chef cousu de gueules chargé de trois trèfles d'argent.

POUPARD : d'azur, au chevron d'or accompagné en chef de trois étoiles d'argent, et en pointe d'un croissant du même.

SALPERWICK : de contre-vair, au franc quartier d'hermines.

DE HARCHIES : bandé d'or et de gueules de dix pièces, au canton senestre d'argent chargé d'un écusson de gueules.

DE LANNION : d'argent, à trois merlettes de sable ; au chef de gueules chargé de trois quintefeuilles d'argent.

DE TALON : d'azur, au chevron d'or accompagné de trois épis, sortant chacun d'un croissant d'or.

LE FÈVRE DE MILLY : de sable, au chevron d'argent chargé de trois roses de gueules.

DE VIDARD DE SAINT-CLAIR : de gueules, à trois flèches posées 2 et 1, et surmontées de trois flèches du même, une en pal et les deux autres en sautoir.

HARETEL : d'azur, à deux licornes d'argent, au cygne du même en pointe.

IVONNET DE LA GRANGE : d'azur, à un rocher d'argent accosté de deux roses du même et sommé d'un oiseau aussi d'argent, et adextré d'une étoile, et senestré d'un croissant du même.

DE PARIS DE BRANSCOURT : de gueules, à un sautoir dentelé d'or accompagné en chef et en pointe de deux quintefeuilles, et aux flancs de deux besans du même.

CHASTENET DE PUYSÉGUR : d'azur, au chevron d'or accompagné en pointe d'un lion léopardé du même ; au chef aussi d'or.

DE FOURCY : d'azur, à l'aigle d'or au vol abaissé ; au chef d'argent chargé de trois tourteaux de gueules.

MASSON : d'azur, au chevron d'or accompagné en chef de trois étoiles du même et en pointe d'un lion aussi d'or.

CHEVALIER : d'azur, à une tête et col de licorne coupé d'argent ; au chef du même chargé de trois demi-vols de sable.

BRANCHE

DES SEIGNEURS DE LA RIGOLÉE, DU TROUSSAI, DE SOULES, DE GOURGAIN AU CHÊNE, DU PESCHIN, ETC.,

EN NORMANDIE.

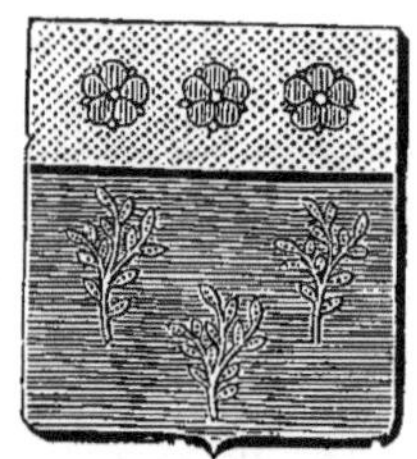

VI. **JEAN DE CADIER**, Ier du nom dans cette branche, écuyer, seigneur d'Avernes et de la Rigolée, président des comptes et élu de Bourbonnais, troisième fils de Guillaume de Cadier, IIIe du nom, chevalier, seigneur de la Brosse, conseiller et président de la chambre des comptes de Bourbonnais, et de dame Marguerite Cordier, épousa demoiselle CATHERINE MILET[1], sœur de Jean Milet, seigneur de Rouyère, le premier auquel remonte la filiation de cette famille, qui, de la province de Touraine, d'où elle est originaire, alla s'établir en Provence dans le milieu du dix-septième siècle.

De cette alliance Jean de Cadier eut un fils qui suit :

(1) Les armes de MILET sont : *d'azur, à trois branches d'olivier d'or posées en pal,* 2, 1; *au chef d'or, chargé de trois roses de gueules.*

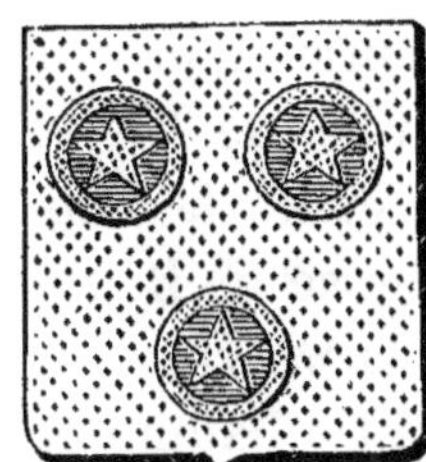

VII. JEAN DE CADIER, IIe du nom, écuyer, seigneur du Trousset, fut élevé avec Geoffroi Hébert[1], évêque de Coutances. Lorsque celui-ci fut appelé à la dignité épiscopale en 1478, il engagea Jean de Cadier, qu'une étroite amitié unissait à lui, à venir habiter en Normandie, et le nomma sénéchal de la ville de Saint-Lô, puis ensuite capitaine du château fort de la Motte,

(1) Geoffroi Hébert, seigneur du Verger, au diocèse de Mende, était fils de Jean Hébert, contrôleur général des finances, seigneur d'Auxonvilliers et de Courcy, et de Jeanne Guérin. Il naquit à Souvigny, en Bourbonnais. Il fut élu évêque de Coutances le 5 des nones de juillet 1478 selon les registres du Vatican, prêta serment au roi le 24 septembre, et Étienne de la Mare en prit possession en son nom le 30 du même mois. En 1480, ayant été accusé d'adorer les anciens dieux de Rome et d'Athènes, il fut emprisonné par arrêts du parlement de Paris des 29 juillet et 7 septembre. Ses biens temporels et ses bénéfices furent confisqués au profit du roi; Jean Hébert, son père, fut même accusé, de peur qu'il ne jouît plus longtemps des revenus de son évêché. Mais sa captivité ne dura pas longtemps, car il en sortit le vendredi 22 décembre 1481. Le 22 du mois suivant il prêta serment d'obéissance à l'Église de Rouen, fit son entrée à Coutances le 17 ou le 18 février, et assembla un synode après la fête de Pâques. Il siégea au conseil du roi en 1483 avec les évêques d'Albi, de Langres et de Blois, et assista encore, le 5 août de l'année suivante, au même conseil, où il porta la parole pour la réception du cardinal de La Balue, que le pape Sixte IV avait envoyé en qualité de légat *à latere* en France. L'évêque de Coutances, le 8 janvier 1488, prêta serment et jura fidélité au roi Charles VIII, et en 1494 il fut délégué par le souverain pontife, avec l'évêque de Saint-Malo, pour recevoir le serment de Georges d'Amboise, archevêque de Rouen, qui lui donna, par lettres du 6 décembre 1498, l'administration de la province de Normandie pendant son absence. Le 17 du même mois, Geoffroi assista au concile tenu par les légats apostoliques au sujet de la dissolution du mariage du roi Louis XII et de Jeanne de France. Il donna au chapitre de son église la seigneurie d'Anneville, qu'il acquit de Jeanne, fille naturelle de Louis XI et veuve de Louis de Bourbon, amiral de France. Le roi Louis XII ayant supprimé la cour de l'échiquier d'Alençon, établit à Rouen, en 1499, le parlement de Normandie, et en nomma président Geoffroi Hébert, qui prêta serment en cette qualité, le 1er octobre, entre les mains d'Aimeri d'Amboise, grand prieur de France, depuis grand maître de l'ordre de Malte. L'année suivante l'évêque de Coutances, au nom du parlement, félicita ce prince, dans un discours plein d'éloquence, de la victoire qu'il venait de remporter sur le duc de Milan. Magnifique bienfaiteur de son église, il en augmenta les revenus et y fit plusieurs fondations, restaura la demeure du chapitre, et donna à la sacristie une riche tapisserie tissue d'or représentant les douze travaux d'Hercule, qui ornait autrefois le chœur de la cathédrale, où elle avait été conservée jusqu'alors. Il construisit aussi un château fort près la Motte pour lequel il dépensa des sommes considérables, et qui était d'un travail si artistement fini, qu'on pourrait penser que c'est l'ou-

qu'il fit bâtir à grands frais et avec splendeur. Ce prélat, voulant encore lui manifester son attachement, lui fit épouser sa proche parente, demoiselle **Marie DE MARESCHAL**, fille de Pierre de Mareschal[1], écuyer, seigneur de Fourchault et de la Fen, maître d'hôtel ordinaire d'Anne de France, duchesse de Bourbon, d'une famille noble des plus anciennes de la province de Bourbonnais, qui remonte par filiation suivie à Guillaume de Mareschal, damoiseau, seigneur de Cressanges et autres lieux, qui fit son testament, le lundi après la fête de Saint-Denis, 1348.

De cette alliance sont provenus :

1° **Nicolas de Cadier**, qui continue la postérité ;

2° **Jean de Cadier**, chanoine de l'église de Coutances ;

3° **François de Cadier**, enseigne des gentilshommes français, tué à la défaite de l'armée chrétienne sous les murs de Beyrouth, en terre sainte, en 15.. ;

4° **Antoine de Cadier**, enseigne du capitaine Ha...., tué avec son frère à Beyrouth, en terre sainte ;

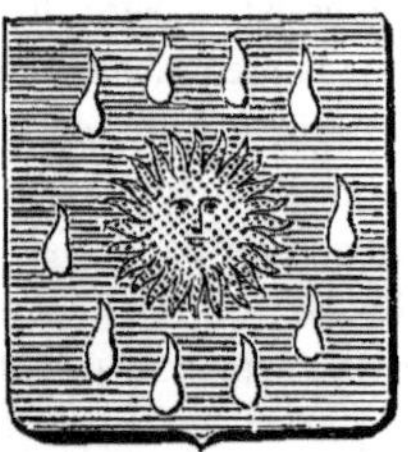

5° **Marie de Cadier**, mariée à Michel **Théré**, seigneur de La Meauffe et de Saint-Gilles, en Normandie, et qui porte pour armes : *d'azur, à un soleil d'or entouré d'un orle de dix gouttes d'eau ou larmes d'argent.*

vrage d'un roi, dit Guillaume de la Mare, qui ajoute « qu'il l'avait élevé, non par ostentation, mais pour que lui et les siens pussent se retirer dans un lieu sûr, si jamais ils étaient menacés de quelque danger, et aussi pour occuper les ouvriers et les artistes laborieux. » Ce manoir, qui tombait en ruines, a été détruit dans le commencement du siècle dernier. Enfin il fit son testament au château de Curcei, diocèse de Séez, le 1er janvier 1509 (1510), et en confia l'exécution au chapitre de Coutances ; son corps fut apporté à Coutances le 1er février 1510, et fut déposé dans l'église cathédrale en 1513. Son oraison funèbre a été rapportée par Guillaume de la Mare, chanoine de Coutances. Il eut pour successeur Adrien Gouffier, sacré, le 2 mai 1510, par l'archevêque de Rouen.

Les armes de **Hébert** sont : *d'azur, au sautoir d'or, cantonné de quatre étoiles d'argent.*

(1) Les armes de **Mareschal** sont : *d'or, à trois tourteaux d'azur bordés d'or, et chargés chacun d'une étoile du même.*

6° **Barthélemye de Cadier**, alliée à Jean **de Clamorgan**, seigneur de Gratechef, d'une maison que l'on regarde comme l'une des plus considérables de Normandie et de laquelle étaient Thomas de Clamorgan, chevalier banneret, qui portait pour armes : *d'argent, à une aigle de sable à la bordure de gueules*, et autre Thomas de Clamorgan, vicomte de Coutances et de Valogne, père de Thierry de Clamorgan, chevalier, vicomte de Montreuil et de Bernay, en 1491, qui eut pour fils Jean de Clamorgan, seigneur de Gratechef, ci-dessus mentionné.

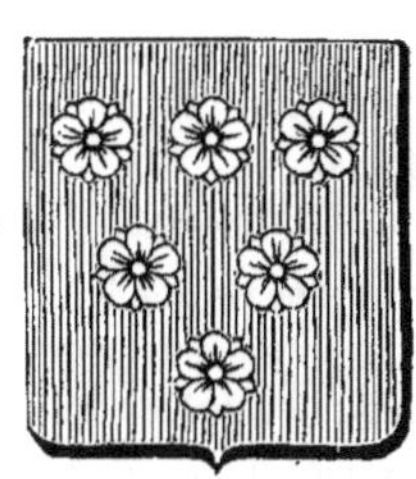

VIII. NICOLAS DE CADIER, écuyer, seigneur du Trousset et de Soules, fit faire, le 12 mars 1530, une information juridique [1] devant le bailli de Cotentin, pour justifier qu'il était né noble, et d'une branche de la famille de Cadier du Bourbonnais, et en conséquence être maintenu dans tous les privi-

(1) Cette branche éloignée du berceau de la famille, ne possédant aucuns titres constatant sa noblesse, fut donc obligée de faire procéder à une information que nous rapporterons textuellement, car elle fait connaître des particularités intéressantes sur l'ancienneté de cette maison.

INFORMATION JURIDIQUE.

Le douzième jour de mars mil cinq cent trente, à Gavray, devant nous Jean Doutol, lieutenant de M. le bailly de Cotentin, audit lieu, pris pour greffier et adjoint M. Nicolas de Lalonde, procureur et praticien audit lieu, à la requête de noble Nicolas de Cadier, écuyer, seigneur de Soules, et sa partie contre Roland le Bâtard commis à la recherche ès francs-fiefs dudit bailliage de Cotentin, a été fait enquête sur les faits et articles dudit de Cadier, cy-attaché, suivant la permission à lui donnée, auquel examen a été procédé en la manière qui ensuit :

I. Noble homme Jacques Le Coingt, écuyer, seigneur de Valleret, âgé de soixante ans, ou environ, dépose qu'il connoît le sieur Nicolas de Cadier, écuyer, pour être le fils de Jean de Cadier, écuyer, lequel étoit noble et de noblesse très ancienne, et vivant noblement; et que noble homme sieur Michel de Cadier, seigneur de la Brosse, dite la Brosse-Cadier, qui étoit son cousin germain, tenoit en son nom un gros chastel près Moulins, appelé la Brosse-Cadier, et étoit ledit sieur Cadier tenu pour des premiers et des plus nobles du Bourbonnois. Le déposant a dit avoir été dans leur maison à Moulins, qui est fort belle et bien bâtie, et au château de la Brosse, à la chasse, avec le seigneur de la Palisse, qui étoient grands amis. Et pour le fait des armoiries et blasons d'icelle que lesdits sieurs de Cadier pourroient porter qu'il se récolle (se souvient) que c'est

léges accordés aux gentilshommes, et être déchargé de la taxe des francs-fiefs à laquelle il avait été imposé par les commissaires

d'azur à une tête de cerf d'or de face portant dix cors, timbré d'un heaume d'argent, et qu'il a vu audit château de la Brosse-Cadier, maison de Moulins, et à la voûte d'une chapelle, au côté du chœur de l'église collégiale de Notre-Dame dudit Moulins, au semblable que le défunt Jean de Cadier, père du sieur Nicolas, en a fait mettre à la voûte de la grande église de la ville de Saint-Lô.

Signé, LE COINGT.

II. Noble homme Jean du Quesnois, sieur de Mesnil-Normand, âgé de soixante-six ans, dépose qu'il a vu la personne dudit Cadier, demeurant audit château de la Motte, et que François de Cadier, son frère aîné, fut tué au voyage de la terre sainte, et aussi un frère cadet nommé Antoine, qui fut aussi tué au siége de Baruth, sous le capitaine Siacogie, au ban et arrière-ban du roi notre seigneur; que ce fut en une exécution qui fut faite à la Hogue, sous la charge de haut et puissant seigneur monseigneur d'Estouteville, ayant la conduite des nobles et noblesse, demeurant en Normandie.

Signé, DU QUESNOIS.

III. Mathieu Hanvier, de la paroisse d'Anguy, âgé de soixante ans, dépose que ledit Jean de Cadier, sieur du Trousset, passoit pour noble et noblement vivant, lequel étoit cousin et proche parent du nommé M. de la Brosse-Cadier, et étoit audit lieu de Moulins, le commun bruit qu'il étoit demeurant au château de la Brosse-Cadier, proche dudit Moulins, vivant noblement, faisant grandes dépenses, et renommé que c'étoit des plus nobles et de la plus notable maison du pays de Bourbonnois et des environs.

Signé, M. HANVIER.

IV. Jean Paty, de la paroisse de Mesnil-Durand, âgé de soixante-dix ans, dépose que ledit sieur de Cadier et ses prédécesseurs et parents portants le même nom, sont nobles et noblement vivants, et le sçait parce qu'audit pays de Bourbonnois ils y vivoient noblement comme nobles et noblesse tenants, et a connu Michel de Cadier, seigneur châtelain de la Brosse, appelé la Brosse-Cadier, qui est un gros château près Moulins, qui étoit cousin germain du père du sieur Nicolas Cadier, comme nobles ayant de grands biens et revenus au pays de Bourbonnois, et une très belle maison au cœur de la ville de Moulins.

Signé, PATY.

V. Haut et puissant seigneur, messire Jacques d'Argouges, chevalier, seigneur dudit lieu d'Argouges, pannetier ordinaire du roi, notre sire, âgé de soixante-dix ans, ou environ, dépose qu'il a été au service de monseigneur le duc de Bourbon, dernier mort, et qu'il a vu et connu un appelé l'Élu de Cadier et autres personnes du nom, gentilshommes et officiers dudit seigneur duc; lesquels vivoient noblement et par état de noblesse, eux et leurs femmes, et au regard de la Brosse-Cadier, dit ledit seigneur, qu'il a été maintes fois, même avec ledit seigneur duc, et que c'est un château près Moulins en Bourbonnois, où le seigneur dudit lieu qu'on appeloit M. de Cadier, qui faisoit grande et honnête dépense, se tenoit et avoit une belle maison en la ville de Moulins, où il recevoit fort souvent ledit seigneur duc de Bourbon qui lui portoit grande amitié. Lequel sieur de la Brosse étoit proche parent du père dudit Nicolas de Cadier et les a ouï départis par ordre du roi pour la recherche des francs-fiefs au bailliage du Cotentin. A cet acte paraissent, comme témoins,

s'appeler cousins. Au regard du blazon des armes dudit sieur Nicolas de Cadier, qu'il les a vu peintes à la voûte de l'église Notre-Dame de Moulins et de la chapelle du château de la Brosse; que le père dudit Nicolas de Cadier qu'on appeloit M. du Trousset, les fit peindre dans la voûte de l'église de Saint-Lô dont il étoit sénéchal, à sçavoir : *d'azur, à une tête de cerf d'or, à dix cors, de face, timbré d'un heaume d'argent*, et que tant qu'il a été en Bourbonnois et au service dudit duc de Bourbon, il a toujours vu ledit sieur de Cadier auprès d'icelui duc vivant noblement.

Signé, D'ARGOUGES.

VI. Haut et puissant seigneur, messire Antoine d'Estouteville, chevalier, seigneur et châtelain de Chantelou, dépose qu'il sçait et connoît de certain que ledit de Cadier est noble extrait de noble lignée, et que ses prédécesseurs étoient de tout temps nobles et nobles vivants, et qu'il a toujours ouï dire aux gentilshommes du pays de Bourbonnois, qu'ils les connoissoient et hantoient avec eux; qu'ils tenoient et vivoient noblement, et qu'ils étoient extraits et natifs du pays de Bourbonnois, et qu'il sçait et connoissoit un nommé noble homme, Michel de Cadier, seigneur de la Brosse, dit la Brosse-Cadier, proche dudit Moulins; lequel étoit parent dudit sieur Nicolas de Cadier et qu'ils portent pour leurs armes : *d'azur, à une tête de cerf d'or de face portant dix cors;* lesquelles il a vu en l'église de Notre-Dame de Moulins et à celle de Souvigny. Dépose aussi qu'il a vu et toujours ouï dire par la commune renommée du pays, que ledit Nicolas de Cadier et ses prédécesseurs ont toujours vécu noblement et usé du privilége de noblesse, étant francs et exempts de toute taille.

Signé, D'ESTOUTEVILLE.

VII. Jean Le Vigoumois, de la paroisse de Montpuisson, âgé de cinquante-huit ans, dépose qu'il a vu et connu noble homme Jean de Cadier, père dudit Nicolas de Cadier, lequel étoit venu du pays de Bourbonnois, demeurer en la ville de Saint-Lô; lequel vivoit noblement et qu'il étoit natif de Moulins en Bourbonnois, tenant en ce pays-là de grosses terres et seigneuries. Dit en outre qu'il sçait et connoît de certain que ledit Nicolas de Cadier et ses prédécesseurs portent à leurs armoiries : *d'azur, à une tête de cerf de face d'or portant dix cors;* qu'il en a vu pareilles en une maison sise proche l'échelle du Temple, à Paris, au coin d'une petite rue qu'on appeloit la *Traverse-Cadier*, qui appartenoit à un M. de Cadier, parent dudit Nicolas, et en a joui ledit Jean de Cadier, père dudit Nicolas, et même ledit Nicolas du privilége de noblesse, comme gens nobles font et usent, sans avoir aucunement dérogé à l'état de noblesse.

Signé, LE VIGOUMOIS.

VIII. Noble Louis de Gacoin, sieur de Marigné, demeurant en la paroisse de Marigné, âgé de soixante-quinze ans, dépose qu'il y a quarante ans ou environ qu'il fut prié par feu de bonne mémoire monseigneur Geoffroy Hébert, lors évêque de Coutances, d'aller de sa part porter des colliers au seigneur duc de Bourbon à Moulins et à plusieurs seigneurs et gentilshommes de ce pays-là, entre autres à un nommé M. de la Brosse-Cadier, auquel il en portoit de la part dudit sieur Jean de Cadier; qu'il fut d'abord porter les colliers audit de la Brosse-Cadier dans un beau château appelé la Brosse-Cadier, noble homme Jacques le Coingt, écuyer, seigneur de Valleret, noble homme Jean du Quesnois, seigneur de Mesnil-Normand,

dans une petite lieue proche de la ville de Moulins, et parlant dudit sieur du Trousset, l'appela toujours son cousin. Remarqua que ledit sieur de la Brosse-Cadier tenoit gros état de noblesse, vivant noblement et faisant bel état de dépense. Emmena le déposant avec lui au château et le présenta au seignur duc qui le reçut gracieusement, et remarqua qu'il considéroit beaucoup ledit sieur de la Brosse-Cadier et faisoit moult grand état; qu'il apprit par bruit commun et particulier que lesdits sieurs de Cadier étoient de très ancienne noblesse et des premiers gentilshommes du pays de Bourbonnois, vivant ayant grande autorité et richesses autant qu'aucuns gentilshommes du pays.

Signé, DE GACOIN.

IX. Messire Jean Houssin, prêtre, chanoine de l'église cathédrale de Coutances, âgé de quatre-vingts ans, dépose qu'il est natif de la ville de Souvigny en Bourbonnois, et que dans sa jeunesse il a toujours ouï tenir messieurs de Cadier audit pays de Bourbonnois pour être de la plus ancienne noblesse, des premiers et des plus considérables gentilshommes du pays; que lorsque feu de bonne mémoire Geoffroy Hébert, évêque de Coutances, qui étoit de ce pays-là, vint audit évêché, il obligea Jean de Cadier, écuyer, seigneur du Trousset, cousin germain du seigneur de la Brosse-Cadier, lequel sieur de la Brosse étoit l'aîné des sieurs Cadiers, de quitter le pays de Bourbonnois pour venir habiter en celui-ci. Et encore a ouï dire savoir audit seigneur l'évêque et audit Jean de Cadier, père dudit Nicolas, qu'ils étoient amis de collége et avoient fait leurs études ensemble, ne s'étoient jamais quittés, et s'étoient promis l'un l'autre de ne se quitter qu'à la mort, et qu'en cette considération ledit seigneur évêque lui avoit fait épouser une sienne proche parente, Marie de Mareschal. Se souvient le déposant qu'il y a à ladite ville de Souvigny, aux coûtés (côtés) du château, une vieille tour qu'on appelle la *Tour-Cadier*, du nombre des douze qu'on disoit avoir autrefois été bâtie par les douze gentilshommes des ducs de Bourbonnois, pendant qu'ils faisoient leur demeure audit Souvigny et disoient ceux dudit pays que c'étoit l'origine desdits sieurs de Cadier.

Signé, HOUSSIN.

X. Guillaume de La Londe, de la paroisse de Soules, âgé de quatre-vingts ans, dépose qu'il sçait de certain que ledit sieur de Cadier, ses parents du nom, ainsi que ses prédécesseurs, sont nobles et vivants noblement, fréquentant les guerres, comme appartient à l'état de noblesse. Dit en avoir connu particulièrement un, avec lequel il a fait un voyage au pays de Bourbonnois, vit en ce pays-là autres sieurs de Cadier qui étoient leurs proches parents et s'appeloient cousins, tenoient grand état de noblesse, entre autres un qu'on appeloit M. de la Brosse-Cadier, qui est la tige de l'aîné, qui a un gros château proche Moulins, appelé la Brosse-Cadier, que ce fut un Jean de Cadier, père dudit Nicolas, qui vint le premier en Normandie avec un évêque de Coutances qui étoit proche parent de la demoiselle.

Signé, LA LONDE.

XI. Messire Guillaume Lair, prêtre chanoine de l'église cathédrale de Coutances, âgé de quatre-vingts ans, dépose être natif de la ville de Moulins en Bourbonnois, et être venu demeurer en la ville de Coutances avec Geoffroi Hébert, qui étoit du pays de

Mathurin Hanvier, Jean Paty, haut et puissant seigneur, messire Jacques d'Argouges, chevalier, seigneur du dit lieu, pannetier

Bourbonnois; que ce fut sur paroles et sur promesses que ledit seigneur évêque, lorsqu'il fut nommé audit évêché, obligea ledit Jean de Cadier, seigneur du Trousset, d'abandonner ledit pays de Bourbonnois et de venir et sa famille s'habituer premièrement dans la ville de Saint-Lô, de laquelle ledit seigneur évêque le fit sénéchal, puis capitaine du château fort de la Motte; sçait à plein le déposant que lesdits de Cadier sont nobles de tous temps, tant pour en avoir vu les titres pendant qu'il étoit en Bourbonnois, cinquante ans ou environ, que pour l'avoir ouï dire et le tenir des anciens qui racontoient avoir vu un Guillaume de Cadier, écuyer, sieur de la Brosse-Cadier, qui fut mené prisonnier en Angleterre avec le duc Jean de Bourbon, qui y mourut; après quoi le duc Charles délivra ledit Guillaume de Cadier, paya sa rançon, lui donna la capitainerie de Belleperche et l'état de président des comptes de Bourbonnois et autres états pour récompense des services qu'il lui avoit rendus et au duc son père; que ledit Guillaume de Cadier eut trois fils, Jean, Charles et Jean de Cadier, écuyers. Jean, premier, fut seigneur de la Brosse-Cadier et autres seigneuries; que ledit Charles de Cadier, second fils de Guillaume, fut chancelier d'Orléans, et fonda la *Traverse-Cadier*, près l'échelle du Temple, à Paris; Jean, tiers et puîné, eut pour son partage les terres d'Avernes et de la Rigolée; que ledit Jean eut trois fils: l'aîné, qui s'appeloit Michel de Cadier, seigneur de la Brosse-Cadier, étoit un brave gentilhomme, vivant bien noblement, faisant grande dépense et fort aimé du duc de Bourbon; que ledit Charles de Cadier avoit épousé la sœur du seigneur évêque de Troyes, et qu'il n'eut qu'un fils, qui se fit d'église, et une fille, qui avoit nom Marie, laquelle fut mariée à un Raoul du Refuge, gouverneur de Milan en 1469; que ledit Jean de Cadier, puîné, eut plusieurs enfants, entre autres ledit Jean de Cadier, écuyer, seigneur du Trousset, père dudit Nicolas, lequel vint le premier avec ledit seigneur évêque de Coutances habiter en ce dit pays de Normandie.

Signé, LAIR.

XII. Guillaume Moldoch, écuyer, sieur des Vandelles, demeurant à Moyon, âgé de cinquante-cinq ans, dépose qu'il a été à Moulins en Bourbonnois et a ouï dire à plusieurs gentilshommes dudit pays que lesdits de Cadier sont bien nobles en toute ancienneté et noblement vivants et ayant grande autorité et richesses; que la branche de l'aîné, nommé M. de la Brosse-Cadier, est demeurée en ce pays-là, et celui qui le premier vint s'habituer en ce pays de Normandie n'étoit issu que d'un cadet desdits sieurs de la Brosse-Cadier, lequel s'appeloit le seigneur du Trousset.

Signé, MOLDOCH.

XIII. Jean Davy, de la ville de Saint-Lô, âgé de soixante-dix ans, dépose qu'il a été plusieurs fois à Moulins en Bourbonnois, premièrement avec M. d'Estouteville, comme son valet de chambre, et depuis avec Jean de Cadier, écuyer, seigneur du Trousset, sénéchal de Saint-Lô, auquel lieu de Moulins et au château de la Brosse-Cadier, qui est près Moulins, il a vu le seigneur de la Brosse-Cadier qui se disoit proche parent dudit sieur du Trousset et s'appeloient cousins, vivoit noblement et tenoit grand état de dépense et leur avoit ouï dire qu'ils étoient extraits de la même souche, et a vu qu'en ce

ordinaire du roi, haut et puissant seigneur, messire Antoine d'Estouteville, chevalier, seigneur de Chantelou, comte de Créance, Jean le Vigoumois, Louis de Gacoin, seigneur de Marigné, Jean Houssin, chanoine de l'église de Coutances, Guillaume de la Londe, messire Guillaume Lair, chanoine de l'église de Coutances, Guillaume Moldoch, écuyer, seigneur des

pays-là lesdits sieurs de Cadier sont réputés pour être des premiers et des plus anciens gentilshommes du pays de Bourbonnois.

Signé, DAVY.

XIV. Haute et puissante dame, madame Jacqueline d'Estouteville, baronesse de Briquebec, âgée de cinquante-neuf ans, dépose qu'elle sçait et connoît que ledit Nicolas de Cadier, ainsi que le défunt sieur du Trousset, son père, ont toujours usé de l'état de noblesse, vivant noblement et en réputation d'être extraits d'une des plus anciennes noblesses du Bourbonnois, leur origine, et que d'iceux il y en a toujours eu au service du duc de Bourbon, fort estimés comme honnêtes gentilshommes et gens de réputation.

Signé, JACQUELINE D'ESTOUTEVILLE.

XV. Noble damoiselle Louise Dupeaux, veuve de noble homme défunt Jean de Foligny, âgée de cinquante ans, dépose qu'elle sçait à plein que le sieur du Trousset avoit nom Jean de Cadier et étoit venu du pays de Bourbonnois, d'une ancienne maison et famille de noblesse appelée messieurs de Cadier, seigneurs de la Brosse-Cadier, ce qu'elle sçait et a vu pendant près de quatre ans qu'elle a demeuré en la ville de Moulins avec son défunt mari qui étoit au service de monseigneur le duc de Bourbon, auquel lieu et maison elle a vu un monsieur de la Brosse dit de Cadier, lequel tenoit grand état de noblesse; dit outre, qu'à son retour de Bourbonnois, étant allé voir la demoiselle du Trousset, elle y vit beaucoup de bons meubles, tapisseries, lits et carreaux de velours et vaisselle d'argent qu'elle lui dit avoir fait venir dudit pays de Bourbonnois. Dit outre avoir connoissance que le château de la Brosse-Cadier, situé proche Moulins en Bourbonnois, appartenoit audit Michel de Cadier, seigneur dudit château et terre de la Brosse Cadier, que tous les sieurs de Cadier reconnoissent pour leur aîné, lequel étoit réputé homme d'honneur, vivant noblement et tenant grand état de noblesse, fort estimé du seigneur duc de Bourbon, et faisant belle dépense, ce qu'elle a vu et remarqué tant en la ville de Moulins qu'au château de la Brosse où elle a été au moins quatre fois.

Signé, LOUISE DUPEAUX.

Et au-dessous :

Signé, DOUTOL et DE LA LONDE.

Collation faite à l'original à nous représenté par Jacques Odet de Cadier, chevalier, seigneur et patron de Fontenay, Saint-Didier, Duplessis en Gourgain, ce fait et à lui rendu, par nous, Louis Guillotin et François Abot, notaires royaux, demeurant au bourg dudit Gourgain, le huitième jour de mars mil six cent soixante-huit.

Signé, DE CADIER, GUILLOTIN et ABOT.

(Copie collationnée aux archives de M. le baron de Veauce. — Généalogie de la maison de Cadier, dressée par M. Rollet d'Avaux, aux preuves, p. 45.)

Vaudelles, Jean Davy, haute et puissante dame Jacqueline d'Estouteville et noble dame Louise Dupeaux, veuve de noble homme Jean de Foligny. Nicolas de Cadier avait épousé demoiselle MARIE DE BACON [1] de laquelle il eut :

1° GUILLAUME DE CADIER, qui suit :

2° ADRIENNE DE CADIER, accordée par mariage avec noble homme Louis LE MOUSSU, écuyer, seigneur de Beaucoudrai, d'une famille de la province de Normandie, dont les armes sont : *de gueules, au chevron d'or, accompagné de trois molettes d'argent, deux en chef et une en pointe.*

IX. GUILLAUME DE CADIER, écuyer, seigneur de Soules, de Fontenay, du Plessis et de Gourgain, fut accordé par mariage avec noble demoiselle JACQUELINE DE LA POMMERAIE, dame de Fontenay, du Plessis et de Gourgain, d'une très ancienne famille originaire de Bretagne qui fut maintenue dans sa noblesse d'ancienne extraction en 1668, par jugement des commissaires du roi, et qui portait : *de gueules, à trois grenades d'or.*

De cette alliance naquirent :

1° JEAN DE CADIER, IIIe du nom, qui continue la généalogie;

2° SUZANNE DE CADIER, qui épousa noble homme Louis AUBERY, écuyer, qui porte pour armes : *d'argent, à une fasce d'azur chargée d'une aigle éployée à deux têtes d'or, accostée de deux écrevisses d'argent.*

(1) Les armes de BACON sont : *de gueules, à six roses d'argent.*

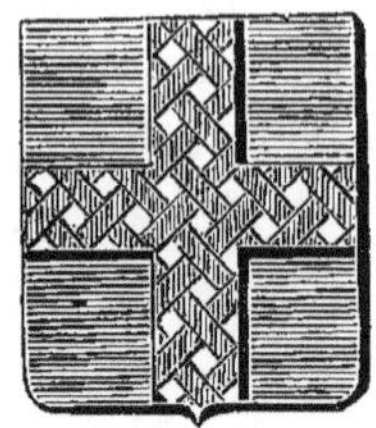

X. JEAN DE CADIER, IIIe du nom, écuyer, seigneur de Fontenay et du Plessis-Gourgain, fut déchargé de la taxe des francs-fiefs à laquelle il avait été imposé pour ses seigneuries de Fontenay et du Plessis, et maintenu dans sa noblesse d'ancienne extraction par jugement du 23 janvier 1581, rendu par François Le Cirier, conseiller du roi en son conseil privé, président en la cour du parlement de Paris, conseiller du duc d'Alençon, frère du roi, commissaire député pour la recherche des droits de francs-fiefs et nouveaux acquêts.

Ce jugement est ainsi conçu :

« François Le Cirier, conseiller du roi en son conseil privé, « président en la cour du parlement de Paris, et aussi conseil- « ler de monseigneur, fils de France, frère unique du roi, mon- « seigneur d'Alençon, et commissaire député par le roi et mon « dit seigneur, sur le fait et liquidation de ses droits et devoirs « de francs fiefs et nouveaux acquêts au dedans les bailliage et « duché d'Alençon, sur la requête à nous présentée par Jean de « Cadier, sieur de Fontenay, narrative, qu'encore qu'il soit « noble et noblement vivant, issu d'ancienne noblesse, on auroit « saisi sa dite terre de Fontenay et le Plessis. Requérant à ces « causes d'être reçu à produire et justifier de sa généalogie, à « laquelle fin auroit produit plusieurs titres et lettres fort an- « ciens par lesquels apparoît que de longtemps et d'ancienneté « le nom de Cadier, écuyer, seigneur de la Brosse, étoit antique « entre les nobles du pays de Bourbonnois et de plus trois cents « ans. Encore avoir fait apparoir le contrat du 10 juillet 1417, « par lequel un nommé Guillaume de Cadier, écuyer, sieur de « la Brosse, qui avoit été nourri jeune en la maison du duc de « Bourbon, prit en mariage demoiselle Marguerite Cordier ; le- « quel Guillaume, après la mort du duc Louis, fut gentilhomme « ordinaire du duc Jean. Autre contrat du 20 mai 1485, par le- « quel Jean de Cadier, écuyer, sieur de la Brosse, épousa en se- « condes noces demoiselle Madeleine de Lare ; il avoit épousé en « premières noces demoiselle Milliette Guymard. Autre contrat

« de Michel de Cadier, écuyer, sieur de la Brosse-Cadier, de la « Cour-Chapeau, et demoiselle Perronnelle Bertrand, fille du « lieutenant de Bourbonnois, en date de l'an 1508, le 20 sep « tembre. Vu par nous la dite requête ensemble les dites pièces « et instrumens anciens produits par ledit Jean de Cadier pour « la justification de sa noblesse. Ouï les avocats et procureurs de « monseigneur, auxquels le tout avoit été communiqué. Le « tout considéré, nous avons fait et levé main pleine et entière « audit de Cadier de la saisie de ses terres et seigneuries, défen- « dons audit commissaire de ne plus s'immiscer au fait de la dite « commission. Si mandons, etc..... Donné à Alençon sous le ca- « chet de nos armes et le seing de notre greffier, le vingt-troi- « sième jour de janvier mil cinq cent quatre-vingt un. Les pièces « mentionnées en la présente rendues; *signé :* BRIZARD et scellé « en cire rouge. Au bas est écrit : Collationé à l'original en par- « chemin par nous, écuyer, conseiller du roi, secrétaire maison « et couronne[1].

« *Signé :* LE NOIR. »

Il fut accordé par mariage avec demoiselle JUDITH DE BROON, fille de Claude de Broon[2], chevalier, seigneur des Fourneaux, ambassadeur en Angleterre, et de dame Françoise LE VERRIER[3], sa femme, et petite-fille de Jean de Broon, seigneur de la Brondinière, des Fourneaux et du Val, et de Claude de *Bernezai.* Jean de Broon était fils de François de Broon qui acquit la terre des Fourneaux et qui fut premier pannetier de la reine Anne de Bretagne. Celui-ci était issu au quatrième degré d'Hamon de Broon, qui, selon La Roque, eut un différend avec Robert, son frère jumeau, sur le droit d'aînesse pour savoir auquel appartenait le château de Broon. Pour les accorder, la seigneurie fut

(1) Archives de M. le baron de Veauce. — Généalogie dressée par M. Rollet d'Avaux, aux preuves, p. 58.

(2) La maison de BROON, seigneurs des Fourneaux, en Normandie, généralité d'Alençon, maintenue dans sa noblesse le 7 juillet 1667, tire son nom de l'ancien château de Broon en Bretagne, d'où elle est originaire. Ses armes sont : *d'azur, à la croix d'argent frettée de gueules.*

(3) LE VERRIER porte : *d'argent, à la hure de sanglier de sable allumée et défendue d'argent.*

partagée par un duc de Bretagne, en 1185, et la part où était situé le château de Broon échut à Robert dont la postérité, étant tombée de *lance en quenouille*, fit passer cette seigneurie dans la maison de Du Guesclin. Hamon posséda l'autre moitié sous le nom de la Brondinière.

Jean de Cadier eut de son alliance :

1° **Jacques de Cadier**, qui continue la filiation ;

2° **Guillaume de Cadier**, moine capucin, mort en 1624;

3° **Louis-Aubri de Cadier**, écuyer, qui fut reçu chevalier de l'ordre de Malte dans l'assemblée du chapitre provincial tenue à Poitiers, le 22 juillet[1] 1621, après avoir prouvé, par une information et par titres authen-

(1) Voici la teneur du procès-verbal de sa réception, où sont mentionnées toutes les pièces qui ont été produites à cet effet :

« L'an de grâce de notre Seigneur 1621, et le vingt-huitième jour de juin, nous frère Pierre Foverand Lanos, commandeur de Gueillan, chevalier de l'ordre de Saint-Jean de Jérusalem, et frère Urbain de Salles, dit Las Coublères, chevalier dudit ordre et commandeur de Ténalles et du Breil, étant de présent au lieu et maison noble du Plessis en la paroisse de Gourgain, bailliage de Sounois, pays du Maine, évêché dudit lieu, Jean de Cadier, écuyer, sieur de Fontenay et dudit Plessis, nous a représenté une commission écrite en parchemin du chapitre provincial du grand prieuré d'Aquitaine, tenu à Poitiers le 3 mars 1621, signé par le chapitre: *Le Sueur*, secrétaire dudit chapitre. Nous requérant ledit sieur de Fontenay suivant icelle, en ce lieu, faire la preuve de noblesse, vertu et légitimation de Louis de Cadier, écuyer, l'un de ses enfants, qu'il désire faire et professer en notre ordre le rang de frère chevalier. A quoi inclinant, ayant trouvé ladite commission en due forme, l'avons acceptée. Avons appelé ledit Jean de Cadier, écuyer, sieur de Fontenay, susdit père dudit Louis de Cadier, écuyer, prétendant.

« Messire René Nérard, chevalier, seigneur du Mesnil, duquel, après avoir pris serment, a dit et assuré qu'icelui Jean de Cadier est issu en loyal mariage de Guillaume de Cadier, et qu'icelui Guillaume de Cadier susnommé étoit fils de Nicolas de Cadier, et qu'icelui Nicolas de Cadier étoit issu d'autre Jean de Cadier, vivant écuyer, sieur de la Brosse et de la Faye, pays et duché de Bourbonnois, et de demoiselle Marie de Mareschal. Dit aussi bien savoir que ceux du nom de Cadier portent pour armes : *une tête de cerf d'or, en champ d'azur*.

« Messire Jacques Tibaud, chevalier de l'ordre du roi, sieur du Gierne, baron de Juillé, âgé de soixante-cinq ans, duquel, après avoir pris serment, a dit bien savoir que ledit Louis de Cadier est fils légitime de Jean de Cadier, écuyer, sieur de Fontenay, et de demoiselle Judith de Broom, son époux, et avoir ouï dire que Guillaume de Cadier susnommé étoit fils de Nicolas de Cadier, en son vivant écuyer, et de demoiselle Marie de Bacon, et qu'icelui Nicolas de Cadier étoit issu d'autre Jean de Cadier, vivant, écuyer, sieur de la Brosse et de la Faye, pays du duché de Bourbonnois, et de demoiselle Marie de Mareschal, et avoir toujours ouï dire être lesdits de Cadier d'illustre famille. Dit aussi

tiques, qu'il était gentilhomme et issu de race d'ancienne extraction noble. Il fut tué à la chasse d'un coup de fusil tiré au hasard par un valet;

4° PAUL DE CADIER, écuyer, qui épousa demoiselle Geneviève DE CRESPIN, dont les armes sont : *d'azur, au chevron d'or accompagné de trois pommes de pin du même, deux en chef et une en pointe.*

le déposant bien savoir que ledit de Cadier porte pour armes et blazon : *une tête de cerf d'or en champ d'azur.*

« Et après avoir pris la déposition des gentilshommes appelés ci-dessus, s'est de rechef présenté ledit sieur de Fontenay, nous requérant voir certains contrats, titres et enseignemens qu'il a par devers lui pour nous mieux vérifier son extraction noble. Pour quoi faire avons pris extraits desdits titres en la forme et manière qui ensuit.

« Contrat du 20 mai 1485, par lequel appert que Jean de Cadier, sieur de la Brosse et de la Faye, épousa demoiselle de Lare ; qu'il étoit capitaine de Belleperche, et avoit été nourri en la maison du duc Jean de Bourbon.

« Contrat de l'an 1508, le 27 septembre, par lequel Michel de Cadier, écuyer, sieur de la Brosse, prit femme et épousa Perronnelle de Bertrand, fille du lieutenant de Bourbonnois.

« Plus une attestation de plusieurs gentilshommes du pays de Bourbonnois et de Normandie, passée à Amboise le quatrième jour de janvier de l'an 1572, que Guillaume de Cadier est fils dudit Nicolas de Cadier, écuyer, sieur de Soule, et gentilhomme extrait de noble et ancienne race, et noblement vivant.

« Les originaux desquels titres avons trouvés sains et entiers leurs écritures et seings.

« En l'assemblée du chapitre provincial, tenue à Poitiers en l'hôtel et commanderie de Saint-Georges, le vingt-deuxième jour de juillet 1621, s'est levé M. le Chevalier, frère Charles Chenu-Bas-Plessis, qui a rapporté en ladite assemblée les preuves faites de la noblesse et légitimation de Louis de Cadier, faites par messieurs les commandeurs, frère Pierre de Lanos et frère Urbain de Salles. Au désir de la commission à eux adressant où les seigneurs de ladite assemblée ont député pour commissaires pour les voir si elles sont faites selon les us et coutumes, et faire leur rapport en ladite assemblée.

« Ouï le rapport desdits commissaires, ladite assemblée les a trouvées bonnes et valables, et les ont, lesdits commissaires, signé, et par la plus grande approbation de ce que dessus, ladite assemblée a ordonné au commis du chancelier de les signer, et apposer le sceau dudit chapitre à icelles le jour et an que dessus.

« *Signé :* JACQUES DULIÉGE, *frère* JACQUES BONNIN.

« Et plus bas : par l'assemblée : DE HAYNAUT, commis du chancelier et assemblée et scellé. Collationné à l'original en parchemin, par nous, écuyer, conseiller-secrétaire du roi, maison, couronne de France, et de ses finances. « *Signé :* LE NOIR. »

(Archives de M. le baron de Veauce. — Généalogie dressée par M. Rollet d'Avaux, aux preuves, p. 67.)

Il laissa de son mariage trois enfants qui suivent :

a. **Paul de Cadier**, mort sans avoir pris d'alliance;

b. **Angélique de Cadier**, mariée à Hugues **Cousin**, à Paris;

c. **Marguerite de Cadier**, alliée à Jean-Baptiste **Cointereau**, dont la famille fit enregistrer ses armes dans l'*Armorial général de la ville de Paris*, tome III, page 462, lesquelles sont : *d'or, au chevron de sable accompagné de trois trèfles du même.*

XI. JACQUES DE CADIER, écuyer, seigneur de Gourgain-au-Chêne, gentilhomme ordinaire de la chambre du roi, épousa en premières noces demoiselle **Jeanne de MONTDRAGON**, fille de noble Jean de Montdragon[1], chevalier, seigneur de Hire, au Maine, et de dame Jeanne **d'Aubigné**, et en secondes noces, en 1642, demoiselle **Marguerite de MATHAREL**, fille de noble Jacques de Matharel[2], avocat général en la chambre de justice, et de dame Marie **Moreau**, sa femme.

De ces deux alliances sont issus :

1° **Jacques de Cadier**, IIe du nom, qui suivra;

2° **Marguerite de Cadier**, mariée, par contrat du mois de novembre 1679, à Hugues **Asselin**, auditeur des comptes, duquel elle était veuve le 22 novembre 1697, lorsqu'elle fit registrer ses armes : *d'azur, à un massacre de cerf d'or*, et celles de son mari : *d'azur, à trois croix de Malte d'argent*, conformément à l'ordonnance des commissaires généraux du conseil, au

(1) Les armes de **Montdragon** sont : *d'or, à trois annelets de sable.*

(2) La maison **de Matharel**, originaire de la ville de Ravenne, en Italie, connue et établie en France depuis l'an 1385, est distinguée par les grands hommes qu'elle a donnés à l'État, par un cardinal et des évêques lors de son séjour en Italie, et par ses belles alliances; ses armes sont : *coupé d'azur et de gueules, à trois losanges d'or, rangées sur le coupé; en chef une croix d'or accompagnée de trois étoiles du même, une en chef et deux en flancs.*

bureau de la rue Saint-Antoine, pour ensuite être peintes et blasonnées dans l'*Armorial général de France*, généralité de Paris[1], registre IIe, numéros 453 et 454. De son alliance elle eut :

a. **Hugues Asselin**, contrôleur de la maison du roi en 1708;

b. N. **Asselin**, mariée à Pierre *de Vion d'Hérouval*[2], seigneur d'Orville, conseiller du roi, auditeur en la chambre des comptes de Paris, mort sans enfants en 1712; il était fils de Antoine de Vion, seigneur d'Hérouval, dont la profonde érudition associa le nom à ceux des hommes les plus savants du dix-septième siècle, entre autres le P. Labbe, Saumaise, Gassendi, dom Luc d'Achéry, le célèbre Du Cange, etc.;

3° **Marie de Cadier**, qui épousa noble homme Pierre **du Mesnil**, écuyer, seigneur de la Plesse, près Argentan, généralité d'Alençon, d'une famille qui fut maintenue dans sa noblesse, en 1666, par jugement des commissaires généraux du conseil, départis dans la province de Normandie pour la recherche des usurpateurs du titre de noblesse, et dont les armes sont : *de sable, au lion parti d'or et d'argent*.

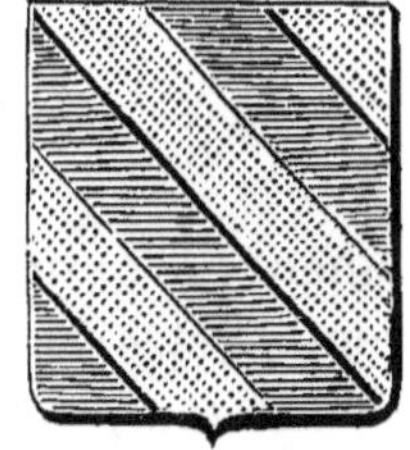

4° **Anne de Cadier**, seconde femme de Julien **du Jarrier**, seigneur de la Roche-Thomas, au Maine, qui porte pour armes : *bandé d'or et d'azur*.

(1) Paris, tome II, page 128.

(2) **De Vion**, seigneur de Tessancourt, marquis de Gaillon-Tessancourt, seigneur de Puiseux, d'Hérouval, Cottainville, Challet, de Presle, la Barre, famille originaire de Bourgogne, dont les armes sont : *de gueules, à trois aiglettes d'argent armées et béquées d'or*. **Supports** : *deux lions*. **Cimier** : *une licorne issante*. *Couronne de marquis*.

Vion d'Oinville porte : *d'azur, au chevron d'argent chargé de 3 fleurs de lys de gueules et accompagné en chef de 2 étoiles d'or, et en pointe d'un lion du même*.

Vion, autre famille de Bourgogne, porte : *d'azur, au chevron d'argent, accompagné de 3 têtes de lion arrachées d'or*.

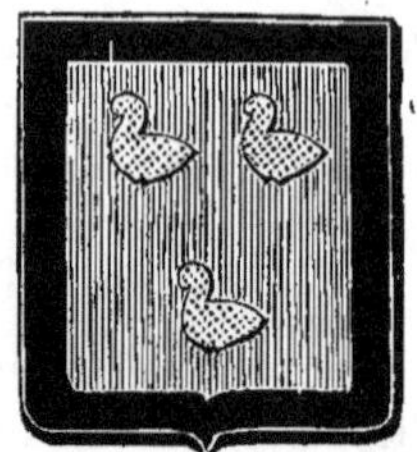

5° **Marguerite-Renée de Cadier**, alliée à René **de Mesenges**, écuyer, seigneur de Beaurepaire, dont la famille, maintenue comme noble d'ancienne extraction, par arrêt du 24 juin 1667 des commissaires du conseil, porte pour armes : *de gueules, à trois merlettes d'or, à la bordure cousue de sable ;* elle est qualifiée veuve dans l'*Armorial général de France*, généralité d'Alençon, où elle fit enregistrer ses armes : *d'azur, au massacre de cerf d'or*, le 16 juillet 1700.

Dans ce temps vivait **Claude de Cadier**, épouse de **Nicolas de la Monneraie**, écuyer, seigneur du Rocher, d'une très ancienne famille, qui porte : *d'or, à une bande de gueules, chargée de trois têtes de lion arrachées d'argent, et accompagnée de deux dragons volans d'azur.*

XII. JACQUES DE CADIER, IIe du nom, seigneur de Gourgain-au-Chêne, épousa, le 7 novembre 1684, demoiselle Barbe EMERY, dont les armes sont : *d'or, à trois faucons de sable longés de gueules, grilletés d'argent.* Ils vivaient encore en septembre 1708.

On voit paraître en Bretagne, au commencement du quinzième siècle, une famille du nom de Cadier qui semble être une branche de celle du Bourbonnais ; mais l'obscurité des temps et la rareté des documents ne nous permettent pas de pouvoir rattacher les chaînons brisés qui les unissent.

Le premier qui figure dans les registres de la chambre des comptes de Nantes est un Jean de Cadier, chevalier, qui, dans les réformations de 1427 et 1440, est inscrit au nombre des nobles de cette province, paroisse de Dollen, et qui, suivant la réformation de 1475, avait un hôtel dans la ville de Saint-Brieuc. Il paraît encore avec son fils, Thomas de Cadier, avec les nobles de Jugon, évêché de Saint-Brieuc, qui firent serment à François II, duc de Bretagne. Il fut père de :

1° THOMAS DE CADIER, qui suit;
2° GUILLAUME DE CADIER, inscrit au rang des hommes d'armes de la garde du duc de Bretagne, en 1465 et 1481.

Thomas de Cadier, chevalier, fit serment, avec Jean de Cadier, son père, et les nobles de Jugon, au duc de Bretagne. Il semble avoir eu pour enfants :

BRIAND DE CADIER, écuyer, qui vivait en 1513;
JACQUES DE CADIER, écuyer, qui écrivit, le 3 septembre 1562, au duc d'Estampes, gouverneur de Bretagne, au sujet des subsides accordés au clergé de cette province;
Et AMAURI DE CADIER, écuyer, vivant en 1475.

ARMES : *Ecartelé aux 1er et 4e d'azur, au massacre de cerf ramé de dix cors d'or*, qui est DE CADIER; *aux 2e et 3e de gueules, semé de fleurs de lys d'argent*, qui est des BARONS DE VEAUCE.

SUPPORTS : *Deux dauphins ayant un cou et une tête de paon.*

TIMBRE : *Un heaume de chevalier, sommé d'une couronne de baron et orné de lambrequins aux émaux de l'écu.* (Planche IV.)

TABLE

DES NOMS DE FAMILLE

MENTIONNÉS DANS LA GÉNÉALOGIE

DE LA MAISON

DE CADIER DE VEAUCE

NOTA. On a désigné en caractères PETITES CAPITALES les familles sur lesquelles on a donné une notice, et en caractères *italiques* celles dont les armoiries sont décrites.

Imprimerie d'E. DUVERGER, rue de Verneuil, n. 4.

www.ingramcontent.com/pod-product-compliance
Lightning Source LLC
LaVergne TN
LVHW020350230826
846091LV00003B/1049

9782012889118